Brüns | Dinge

[Was bedeutet das alles?]

Elke Brüns

Dinge

Warum wir sie brauchen und
warum wir uns von ihnen trennen müssen

Reclam

4., durchgesehene Auflage

RECLAMS UNIVERSAL-BIBLIOTHEK Nr. 14597
2024 Philipp Reclam jun. Verlag GmbH,
Siemensstraße 32, 71254 Ditzingen
info@reclam.de
Gestaltung: Cornelia Feyll, Friedrich Forssman
Druck und Bindung: Elanders Waiblingen GmbH,
Anton-Schmidt-Straße 15, 71332 Waiblingen
Printed in Germany 2026
RECLAM, UNIVERSAL-BIBLIOTHEK und
RECLAMS UNIVERSAL-BIBLIOTHEK sind eingetragene Marken
der Philipp Reclam jun. GmbH & Co. KG, Stuttgart
ISBN 978-3-15-014597-5
reclam.de

Inhalt

Vorab

Unser Leben ist umgeben von Dingen. Ständig müssen wir uns fragen, ob wir etwas behalten oder wegtun wollen. Das Sich-Trennen von Dingen fällt oft schwer, und oft aus irrationalen Gründen. Man weiß nicht, warum man dieses oder jenes behalten sollte – und tut es trotzdem, innerlich über sich selbst den Kopf schüttelnd.

Als ich nach dem Tod meiner Eltern ihre Wohnung ausräumen musste, machte ich eine seltsame Erfahrung: Ausnahmslos jede und jeder, mit der und dem ich darüber sprach, erzählte mir, dass er oder sie noch irgendwo Kartons gelagert hätte, in denen sich Gegenstände befänden, die sie beim Ausräumen der elterlichen Räume »erst mal mitgenommen« hätten, um sie »später in Ruhe auszuräumen«. Niemand hat diese Kartons dann je geöffnet – ich auch nicht.

Stattdessen habe ich diesen Text geschrieben, denn mein bis dato relativ unspektakulärer Umgang mit Dingen wurde plötzlich hochproblematisch: Warum sich nicht einfach von all den Dingen oder zumindest den meisten trennen? Was macht das so schwierig? Repräsentiert denn wirklich jede Vase Erinnerungen, so wie es einem urplötzlich erscheint? Findet im Moment des Erbens vielleicht etwas seinen Ausdruck, das unser ganzes Leben bestimmt?

Nimmt man die Ratgeberliteratur als Symptom, dann scheint unsere westliche Kultur schwer daran zu laborieren, Dinge zu besitzen, und ebenso schwer, Dinge wegzuwerfen. Dinge scheinen immer mehr Dinge zu werden: Aristoteles' Warnung vor der Pleonexie, dem »Mehr-haben-Wollen«, zieht sich durch die abendländische Kultur –

allerdings folgenlos. Und sich von Dingen trennen ist anscheinend so schwierig, dass es Ratgeber und Verfahren braucht, und mancher trennt sich einfach von gar nichts. Warum ist das so?

Über Dinge wird sehr viel geschrieben und geforscht. Mein Interesse gilt dem Schnittpunkt von Wegwerfen und Behalten, aber auch der Frage, was das, ja, kleiner geht es hier leider nicht, mit dem Leben und dem Tod zu tun hat. In unserem Umgang mit den Dingen, dies ist meine These, vollziehen sich Prozesse der Verlebendigung und der Verabschiedung, in denen sich unser Leben als permanenter, kaum reflektierter Austausch mit dem Tod spiegelt. Dauernd heißt es: *Which side are you on*?

1 Weg mit den Dingen – Wo ist das Problem?

Eines der größten Probleme unserer Gegenwartskultur scheint das Besitzen und Anhäufen von Dingen zu sein. Die Menschen besitzen zu viel oder das Falsche, oder sie besitzen des Falschen zu viel. Ein ganzes Heer von Ratgebern versucht Ordnung in das Durcheinander zu bringen. Der Appell lautet: Ausmisten. Und dann nicht mehr so viel kaufen und anhäufen. Klingt doch ganz einfach.

Mitnichten geht es dabei allerdings um schieren Materialismus, um das gedankenlose Kaufen und Wiederkaufen und Weiterkaufen und Wegwerfen in einer Konsumkultur, die für die anwachsenden Berge an Gütern und Gegenständen in Wohnung und Welt verantwortlich ist. Es geht auch um Ressourcen, die aufgebraucht werden, nicht nur um ökologische, sondern auch um seelische. Auch diese werden offenbar verschwendet, und es ist nicht sicher, ob sie recycelbar sind. Nichts ist trauriger als der berühmte Slogan der amerikanischen Künstlerin Barbara Kruger: »You want it. You buy it. You forget it.« Vor allem, wenn diese Einsicht als riesiges Transparent um ein Kaufhaus herumgezogen ist und vermutlich niemanden vom Kaufen abhält.

Der Besitz kaschiert indes nur ein weiteres Problem – das der Ordnung, in der sich äußere Erscheinung und innere Zustände spiegeln. Seit langem schon hat sich die Verknüpfung von innerer und äußerer Ordnung bzw. innerer Verwirrtheit und äußerem Chaos etabliert. Wie die Wohnung, so die Seele. Wie das Heim, so das Leben. Die Zeitschrift *Brigitte* bringt diese Trends auf den Punkt: »Das Leben aufräumen. Mehr Ordnung, mehr Klarheit – und auf einmal geht alles leichter«.[1] Oder: *Alles in bester Ordnung,* so lautete die Redewendung, die nahelegt, dass das Geordnete und das Gute Hand in Hand wirken.

Man muss kein Messie sein, um sich von der aktuellen Ratgeberliteratur angesprochen zu fühlen. Denn wie so vieles ist auch das Aufräumen und Wegwerfen von Dingen keine einfache Sache (mehr). Hinter der ökologisch sinnvollen Frage, ob Dinge nicht recycelt, repariert oder verschenkt werden können, dräuen noch ganz andere Problemlagen: Wie räume ich *richtig* auf? *Was* werfe ich weg? *Wie* werfe ich etwas weg – brauche ich ein Ritual, um die Dinge angemessen *gehen zu lassen*? Vorschläge gibt es viele. So hat etwa die Japanerin Marie Kondo ihre *Konmari*-Methode entwickelt, die garantieren soll, dass am Ende des Aufräumprozesses nur noch Dinge im eigenen Domizil verbleiben, die man wirklich mag. Spätestens seit die erfolgreiche Buchautorin 2019 mit *Tidying Up with Marie Kondo* (dt. *Aufräumen mit Marie Kondo*) eine eigene Show bei Netflix erhielt, in der sie Privathaushalten und später dann Unternehmern zu Sauberkeit und Durchblick verhalf, avancierte die Konmari-Methode zur Konmari-Manie, die sich im Englischen auch sprachlich niederschlug: Es etablierte sich der Begriff *to kondo* für das weite Feld zwischen aufräumen und ausmisten.

Angesichts überfüllter Wohnungen rät die Aufräumexpertin dazu, jeden Gegenstand in die Hand zu nehmen und sich zu fragen: Bereitet er mir Freude? Wenn nicht, dann mit einem herzlichen Dank für die geleisteten Dienste wegwerfen, verschenken, spenden. Übrig bleibt eine Wohnung, die uns erfreut, eine mit Freude erfüllte Wohnung gewissermaßen. Marie Kondos Methode ist stilvoll, elegant, effizient und überzeugend. Sie räumt – so scheint es –

mit dem ganzen unnützen und abgelebten, ungeliebten und müden Krempel auch eine ganze Gefühlswelt auf, die ebenfalls aus alten, diffusen, ambivalenten, unansehnlichen Affekten und Emotionen besteht. Doch soll man ihrem Aufruf zum radikalen emotionalen Hausputz bedingungslos folgen? Oder tun es auch kleinere Schritte?

Bekannte Ratschläge, die alljährlich und saisonal recycelt werden, lauten: Kleidung, die man ein Jahr lang nicht getragen hat, gehört aussortiert. Alte Zeitungen und Zeitschriften soll man nicht horten, sondern nur die Artikel, die man behalten will, ausschneiden und archivieren. Nicht alle Fotos behalten, sondern nur die besten, nicht alle Erinnerungsstücke, sondern nur wenige, am besten die repräsentativen. Noch einmal die *Brigitte*: »Weniger, aber das Richtige! Wer sich von Überflüssigem trennt, hat auf einmal Platz fürs Wesentliche«.[2] Auch hier dient das Ganze dazu, das Leben zu vereinfachen. Oder um es mit dem berühmten Buchtitel zu sagen: *Simplify your life*.[3] Es ist doch so einfach: Mach einfach dein Leben einfacher und vereinfache Dein Leben! Doch nach gefühlt einem Jahrzehnt gepredigter Ausmistkultur kann die Gegenbewegung nicht ausbleiben: Schon machen sich Ratgeber und journalistische Beiträge anheischig, das Chaos zu verteidigen und diesem wieder seine traditionelle Rolle als Quell der Kreativität zuzuschreiben.[4]

Forschung und Lehre, ein nun wirklich sehr seriöses Blatt, verweist auf Studien, denen zufolge ein unordentlicher Schreibtisch kreative Einfälle begünstige, und fällt ein strenges Urteil: »Pedanten lassen Ihre Umwelt nie in Unordnung geraten und korrigieren jede kleinste Abweichung sofort: Auf dem Schreibtisch ebenso wie in ihrer Gedankenwelt. Wer Unordnung, Unsicherheit oder Mehrdeutigkeit allzu sehr scheut, der vereinfacht seine Weltsicht vorschnell, der neigt zu Schwarz-Weiß-Malerei, schenkt auch in der Politik oder der Weltanschauung den angebotenen Simplifizierungen Glauben, nimmt Widersprüche nicht zur Kenntnis, bleibt seinen vorgefassten Überzeugungen und Vorurteilen treu. In der perfekt aufgeräumten Gedankenwelt ist für neuartige Ideen kein Platz.«[5] Und wer könnte das wollen? Also schnell den wieder in der *Brigitte* vorgestellten neuesten Trend *Cluttercore* adaptieren und Krimskrams horten, was das Zeug hält.[6]

Was bedeuten Dinge in unserem Leben?

Angeblich soll der durchschnittliche Europäer 10 000 Dinge besitzen. Dies scheint zunächst übertrieben. Doch ein Blick auf den eigenen Schreibtisch genügt, um diese absurd große Zahl doch für möglich zu halten: Bleistifte, Heftzwecken, Füller, Kugelschreiber, Scheren, ein Lineal und noch viel mehr Sachen, darunter einige Dinge, deren Namen ich nicht kenne, bevölkern beispielsweise meinen Arbeitsplatz. (Sie wollen sich Übersicht verschaffen, ohne Marie Kondo zu engagieren? Kreative und lustige Hilfe bietet *Alles was ich habe. Installationen und Inszenierungen zur Bestandsaufnahme des persönlichen Besitzes* der Künstlerin Silke Wawro.[7]) Angesichts der schier unglaublichen Anzahl von Dingen müsste es eigentlich ein Leichtes sein, sich jeden Tag von einem Gegenstand zu trennen. Diese Idee entwickelt die Schriftstellerin Karen Duve am Ende ihres Buches *Anständig essen* (2010), in dem sie sich von der

Fleischernährung verabschiedet, vegetarische, vegane und frutarische Ernährung ausprobiert und angesichts der Reduktionen auf dem Teller am Schluss beschließt, sich im kommenden Jahr an jedem Tag von einem Gegenstand zu trennen. Wem das zu schnell geht: Vielleicht mit einer Büroklammer am Tag starten?

Was haben die Dinge mit uns zu tun? Wieso löst ihr Verlust Angst aus, wieso hängen wir unser Herz an sie, wieso werden sie massenhaft konsumiert, gekauft und weggeworfen, wie etwa die unselige *Fast Fashion*, die oft gar nicht getragen wird, weil sie gedankenlos gekauft und ebenso schnell weggeworfen werden kann? Oft ist sie so billig, dass Reinigen sich kaum zu lohnen scheint. Einer Greenpeace-Studie zufolge besitzt jede erwachsene Person in Deutschland 95 Kleidungsstücke – Unterwäsche und Socken nicht mitgezählt. Das sind etwa 5,2 Milliarden Kleidungsstücke allein in Deutschland. Dabei wird jedes fünfte (19 Prozent) so gut wie nie getragen. Scheint im Kleiderschrank nicht viel, macht aber insgesamt eine Milliarde ungenutzter Kleidungsstücke.[8]

Die Dinge, die uns umgeben, haben mit uns und unserer Identität zu tun. Wir haben sie ausgewählt, nicht nur nach praktischen Gesichtspunkten, sondern weil sie uns auf irgendeine Weise repräsentieren. Am eindeutigsten und sichtbarsten ist dies eben bei der Kleidung: Berufskleidung, Freizeitkleidung, Ausgehkleidung – Facetten unseres Selbst. Kühl, elegant, entspannt, hippiesk, sportiv, geheimnisvoll, verführerisch, verschlossen.

Gegenstände sind nicht nur praktische Alltagshelfer, notwendiges Rüstzeug, um auch nur halbwegs sein Leben führen zu können – schon die Menschen der Steinzeit brauchten Werkzeuge –, sie fungieren auch als assoziative Brücken in die eigene Vergangenheit. An der Auswahl der Dinge, die uns umgibt, erkennen wir unseren aktuellen und früheren Geschmack, unsere akuten und gestillten Bedürfnisse, unsere alten und neuen Ängste und unsere ewigen Hoffnungen (oder was sollen die Hanteln neben dem Bett?). Wir belegen Gegenstände mit Bedeutungen, die sich aber auch rapide ändern können: Ein Beispiel ist der Ehering, zunächst Symbol ewigen Zusammenseins, nach der Scheidung Symbol des Scheiterns (der sich dann vielleicht im Museum of Broken Relationships in Los Angeles oder Zagreb wiederfindet).

Dinge repräsentieren den Status ihrer Besitzer – die Rap-Kultur mit ihrem Bling-Bling führt dies besonders augenfällig vor –, und diese Bedeutungsaufladungen sind natürlich bei der Produktion der Gegenstände oft einkalkuliert. Ästhetik und Gestaltung spielen schon im banalsten Konsumbereich, vor allem aber bei hochpreisigen Erzeugnissen eine zentrale Rolle und rücken die Waren in entrückte, quasi sakrale Sphären; dies gelingt insbesondere mit *Limited Editions*, die Knappheit vortäuschen und Produkte in die Nähe von Kunstwerken rücken. Aber auch der völlige Verzicht kann einen – in diesem Fall dann geistig-mentalen – Status repräsentieren: das Gar-nichts-nötig-Haben, das etwa Klöster oder traditionelle japanische Räume vermitteln, evoziert wohl bei den meisten das Bild großer innerer Freiheit.

Denn der Besitz von Dingen steht seit je im Verdacht, Menschen zu korrumpieren. Schon der Kirchenvater Johannes Chrysostomos (ca. 349–407) postulierte: »Reich ist nicht, wer viel hat, sondern, wer wenig braucht – arm ist nicht, wer wenig hat, sondern wer viel begehrt.« Die Warnung, der Mensch könne an innerer Substanz einbüßen, je mehr Dinge er anhäuft, führt häufig dazu, Dinge und Menschen selbst als Repräsentanten zweier einander zuwiderlaufender, wenn nicht gar feindlicher Existenzweisen einander gegenüberzustellen: *Was das Haben mit dem Sein macht. Die neue Psychologie von Konsum und Verzicht* (2015) lautet etwa der Titel eines Buches von Jens Förster, in Anlehnung an das berühmte *Haben oder Sein* (1976) von Erich Fromm. Einmal mehr wird die eher schlechte Konsumkultur mit dem guten Sein kontrastiert, ohne dass das Buch die Schärfe und Tiefe des Fromm'schen Werkes erreicht, das Haben und Sein noch strikt als *Verdinglichung* und *Lebendigsein* gegeneinanderstellt. Zwar geht es bei Förster – wie so häufig, wenn nach Haben und Sein gefragt wird – nicht primär um Dinge, sondern um den Wunsch, diese nicht nur zu kaufen, sondern zu horten, um unmäßigen Konsum etc., aber angesichts dieser doch zweifelhaften Verhaltensweisen geraten auch die Dinge selbst in ein Zwielicht: Sind sie nicht eigentlich *alle* überflüssig, ablenkend, verführerisch, zudem ökologisch bedenklich und warenförmig – eben bloß schöner Schein statt wahrem Sein?

Doch diese Frontstellung gegen die Dinge ist kurzsichtig, denn Menschen und Dinge sind aufs Engste miteinander verwoben und aufeinander angewiesen. Neil MacGregor schreibt in seiner *Geschichte der Welt in 100 Objekten*, dass wir ohne einmal erfundene Dinge nicht mehr leben könnten. Als Beispiel nennt er ein steinernes Schneidewerkzeug der Oldowan-Kultur: 1,8 bis 2 Millionen Jahre ist es her, dass das aus dem heutigen Tansania stammende vielseitige Küchengerät hergestellt wurde – seitdem ging es nicht mehr ohne: »Von dem Zeitpunkt an, da unsere Vorfahren Werkzeuge wie diese Chopping Tools herstellten, waren die Menschen nicht mehr in der Lage, ohne diese von ihnen produzierten Dinge zu überleben. Man könnte also sagen: Dinge machen uns zu Menschen.«[9] Und dies in einem sehr konkreten Sinne, wie der Zusammenhang von Evolution und Werkzeuggebrauch vor zwei Millionen Jahren illustriert: Während der sogenannte ›Nussknackermensch‹ Probleme bei der Nahrungszufuhr durch das Aufknacken getrockneter Nahrung löste und ihm darob enorme Zähne wuchsen, überzeugte der *homo rudolfensis* durch Eleganz, denn er erfand Werkzeuge: zunächst einfache *choppers*, aus denen differenzierte Faustkeile hervorgingen. Kultur schlägt Genetik: Während der zahnbewehrte *Paranthropus boisei* seine körperliche Fähigkeit, sprich: sein gutes Gebiss, vererbte, setzte der Erfinder der Dinge auf Imitation, was weitaus schneller ging und ihm zudem einen entscheidenden evolutionären Vorteil, nämlich mehr Hirnmasse, einbrachte. Mensch und Ding stehen, so resümiert Stefan Laube, in einer produktiven, menschheitsgeschichtlichen Wechselbeziehung, die sich heute noch im Wort ›begreifen‹ spiegelt.[10]

Wir waren und sind also in einem geradezu existentiellen Sinne abhängig von Dingen. Vielleicht haben sie uns nicht nur grundlegend in unserer Entwicklung beeinflusst, sondern im eigentlichen Sinne sogar erst hervorgebracht? Dies unterstellt zumindest der konsumkritische Roman *Die Dinge* (1965) von Georges Perec. Das Leben des jungen Paares Sylvie und Jérôme ist darin so sehr von schönen und teuren Dingen bestimmt, ihr Fühlen und Denken ist so besessen von Gegenständen, die sie haben oder kaufen wollen, dass tatsächlich *sie selbst* als *Produkte* der Warenwelt erscheinen: »Für diesen Lachs, für diesen Teppich, für diese Kristallgläser hatten vor fünfundzwanzig Jahren eine kleine Angestellte und eine Friseuse sie zur Welt gebracht.«[11] Das letzte Wort in diesem Roman, der alles seziert, hat (mit einem Zitat) Karl Marx.

Doch auch ohne kapitalismuskritische Zuspitzung gilt, dass uns die Dinge Identität verleihen: Sie sagen uns, wer wir sind, und »zwar nicht mit Worten, jedoch durch Verkörperung unserer Intentionen«.[12] Und so nimmt der aus dem ehemaligen Jugoslawien geflohene Autor Saša Stanišić nach einer Reihe scheiternder Versuche, der deutschen Ausländerbehörde seine Herkunft und Identität zu erklären, schließlich Zuflucht zu den Gegenständen seines Lebens: »Ich bin Jugo und habe in Deutschland trotzdem nie was geklaut, außer ein paar Bücher auf der Frankfurter Buchmesse. Und in Heidelberg bin ich mal mit einem Kanu in einem Freibad gefahren. Radierte beides aus, weil vielleicht Straftaten und nicht verjährt. Ich schrieb: *Hier ist eine Reihe von Dingen, die ich hatte.*«[13] Dinge geleiten uns in und durch das Leben – und auch wieder hinaus. Darum soll es in diesem Text gehen.

II Lebendige Dinge

Dinge haben ein Eigenleben. In der Vormoderne war dies noch Allgemeinwissen, denn in der Sprache der Dinge artikulierte sich Gott – allerdings musste diese im Buch der Natur erst gelesen und verstanden werden. Damit war in der Moderne Schluss: Sie »erklärt die Welt, die Natur, das Schicksal, Krankheiten, Naturkatastrophen, Tod und Geburt, ohne ein Leben in den Dingen zu postulieren. Und noch schärfer formuliert *ist* die Moderne die Trennung in Lebendiges – Menschen und Tiere – und Totes – eben die Dinge«.[14] Doch nicht alle Menschen nahmen und nehmen die Dinge als entseeltes Zeug wahr, betont die Literaturwissenschaftlerin Dorothee Kimmich: »Kinder, Menschen aus vormodernen Kulturen, Animisten, Esoteriker, Gläubige und Verrückte haben kein Problem mit lebendigen Dingen. Das Leben in den Dingen ist für sie vielmehr eine absolut notwendige Erklärung für eine Vielzahl von Phänomenen [...].«[15]

Die Idee – oder auch: Wahrnehmung –, dass Dinge leben, vertreten allerdings nicht nur die genannten, vom aufgeklärten Zeitgenossen gerne belächelten Gruppen, sondern auch Theoretiker, Philosophen und vor allem Literaten. Letztere legen nahe, dass die Dinge eine eigenständige, dem Menschen abgewandte Existenz führen und bieten diesen lebenden Wesen in ihren Texten einen reich ausstaffierten Spielplatz. Dabei hat kaum jemand die Existenz eines Dingwesens so fremd und eigenartig in Szene gesetzt wie Franz Kafka in seiner Erzählung *Die Sorge des Hausvaters* (1919). Dieser sehr kurze Text spricht von einem Wesen namens Odradek, das im Haus des titelgebenden Hausvaters angetroffen werden kann und aussieht wie eine flache sternartige Zwirnspule mit Querstäbchen. Diesem Gegenstand kann kein Zweck und keine Funktion zugeschrieben werden, und er lässt sich nicht einfangen. Wo er wohne? »›Unbestimmter Wohnsitz‹, sagt er und lacht; es ist aber nur ein Lachen, wie man es ohne Lungen hervorbringen kann.«[16]

Walter Benjamin hat Kafkas Geschichte so kommentiert: »Odradek ist die Form, die die Dinge in der Vergessenheit annehmen. Sie sind entstellt.«[17] Dinge sind also aus Benjamins Sicht auf Wahrgenommen- und Angeblicktwerden angewiesen, um ihre wahre Gestalt zu behalten. Die Frage ist, inwieweit dies auf Menschen zurückwirkt: Müssen auch wir von den Dingen angeblickt werden, um *unsere* wahre Gestalt zu behalten? Wenn ja, was wäre diese? Oder geht von Gegenständen und Objekten auch ein geradezu versteinernder, tötender Blick aus, wie die Expeditionen des Philosophen Roger-Pol Droit ins Reich der Dinge in *Was Sachen mit uns machen* (2005) nahelegen?

Wie dem auch sei: *Dass* Dinge etwas mit uns machen, ist keine ausschließlich literarische oder künstlerische Phantasie. In seinem umstrittenen, gleichwohl kanonischen Text *Wir sind nie modern gewesen* (2008) geht der Soziologe Bruno Latour so weit, Dinge als Aktanten, als Handlungsträger, zu bezeichnen. So ist in seinem bekannten Beispiel zu den Fahrbahnschwellen auf der Straße, die das Autofahren verlangsamen, nicht allein der Fahrer der Handelnde, sondern ebenso die Schwelle, die die Verlangsamung erzwingt (und in ihr wirken wiederum Politik, Stadtplanung etc.). Latour sieht alle Dinge durch ein Netzwerk verbunden, wie das winzigste Aidsvirus zeige, das »uns vom Geschlecht zum Unbewussten, von dort nach Afrika, zu Zellkulturen, zur DNS, nach San Francisco« bringe. Doch dieses feingewobene Netz werde von Analytikern, Journalisten und Politikern so lange zerschnitten, bis nur säuberlich getrennte Schubladen übrig blieben: »Wissenschaft, Ökonomie, soziale Vorstellungen, vermischte Nachrichten, Mitleid, Sex.«[18] Die Kritik an Latour ließ naturgemäß nicht auf sich warten. Er vermische die Grenzen zwischen Menschlichem und Nichtmenschlichem, Natur und Gesellschaft, vor allem aber handele es sich um Anthropomorphismus, also unzulässige Vermenschlichung, letztlich um eine Projektion.

Doch mit dieser mentalen Aufräumaktion, die alles wieder ordentlich an seinen Platz stellt, ist es nicht getan. Viel zu tief sind wir verstrickt mit den Dingen, wie Hartmut Böhme entlang des Begriffs Fetischismus verdeutlicht. Wie Latour bezweifelt auch er, dass die Zäsur, die Moderne und Vormoderne angeblich so säuberlich trennt, wirklich existiert. Denn in der Moderne würden vormoderne Formen und Institutionen der Magie, des Mythos und Kultus, der Religion und der Festlichkeit zwar aufgelöst, aber die ehemals daran gebundenen, nun freigesetzten Energien und Bedürfnisse flottierten durch die moderne Gesellschaft, deren Institutionen aber nicht über die Bindekräfte verfügten, um diese zu kanalisieren und zu bündeln. Es gelinge ihnen deshalb nicht mehr, Kollektive zusammenzuhalten und Individuen zu stabilisieren. Aber: »In unheimlicher Weise sind wir als Subjekte und ist unsere Kultur auf eine dauernde Verzauberung angewiesen, um sich vor Dissoziation, Anomie und Zugehörigkeitsverlust zu schützen.«[19] Diese Verzauberung übernehmen im Konsumkapitalismus die zu Fetischen gewordenen Dinge. Das trügerische Werk findet im Individuum seine botenstoffgesteuerte Basis, denn beim Kaufen wird das Belohnungszentrum im Hirn aktiviert – allerdings ein flüchtiges Vergnügen, denn leider ist die hirneigene Droge auch rasch wieder abgebaut. Dinge sind uns also existentiell notwendig; die Abhängigkeit wird im Kaufrausch befeuert und zugleich permanent enttäuscht – denn zufrieden, befriedigt darf niemand sein. Glückliche Menschen kaufen nicht, betont der Neurobiologe Gerald Hüther.[20]

Die Dinge am Anfang des Lebens

Woher rührt die Idee, dass Dinge ein Eigenleben führen könnten? Möglicherweise aus der Tatsache, dass wir am Anfang des Lebens Dinge – genauer: Objekte – benötigen, um den Weg in die Welt zu finden. Pädagogen, Psychologen und andere haben die Bedeutung hervorgehoben, die materielle Gegenstände für unsere Menschwerdung spielen. Am schönsten vielleicht ist Winnicotts Konzept des Übergangsobjektes, anhand und mit Hilfe dessen ein Kind sich in die Welt hineintraut. Donald Woods Winnicott hat als Psychoanalytiker Berühmtheit erlangt, angefangen hat er jedoch als Kinderarzt in einem Londoner Hospital. Dort beobachtete er Säuglinge und Kinder und entwickelte seine kreativen und menschenfreundlichen Ideen, wie zum Beispiel die des Haltens oder auch die der *good enough mother*, ein Konzept, das den ungeheuren Druck, eine perfekte, ideale Mutter für das Kind sein zu müssen, ganz pragmatisch auf den Boden der Realität fehlbarer, erschöpfter, ganz und gar unperfekter, aber eben ausreichend guter Elternschaft zurückbringt. Außerdem spielt auch das Kind eine aktive Rolle in der Bewältigung anstehender Probleme, wie etwa der, ein eigenständiger Mensch zu werden. In diesem Prozess kommt dem Übergangsobjekt eine zentrale Funktion zu.

Kinder benötigen ein Übergangsobjekt in der Phase, in der sie ganz und gar von der Mutter abhängig sind. Sie befinden sich in einer Dyade, in der die äußere Welt zunächst gar nicht richtig vorkommt – es sei denn als Störung. Doch genau in diese äußere Welt verschwindet die Mutter gelegentlich und lässt das Kind allein. Hier kommt das Übergangsobjekt ins Spiel. Das Übergangsobjekt ist ein Gegenstand, den sich das Kind auswählt und mit Bedeutung versieht: Es kann ein Spielzeug sein, ein Schnuller oder irgendetwas anderes. Dieses Objekt gewinnt für das Kind eine immense Bedeutung, denn es ›vertritt‹ die Mutter, wenn sie nicht da ist. Das Kind schafft sich damit ein Gegenüber, das ihm hilft, sich dann nicht allein und verlassen zu fühlen. Das Besondere an diesem Übergangsobjekt ist, dass es sowohl zur inneren wie äußeren Welt des Kindes gehört, es ist keine reine Phantasie, aber auch kein beliebiges Ding. Ganz im Gegenteil: Es ist ein für das Kind hochbedeutsamer Gegenstand. Zugleich ist das Übergangsobjekt aber auch mehr als ›nur‹ die abwesende Mutter. Es hat andere Erfahrungsqualitäten, es kann malträtiert und heiß geliebt werden und – ganz wichtig – es ist widerständig: Das Kind lernt, dass es nicht allmächtig ist, ihm werden durch die Dinge Grenzen gesetzt. Das Übergangsobjekt befördert und moderiert die Ablösung von der geliebten Person. Dies geschieht in einem besonderen Raum zwischen

Mutter und Kind, in dem Projektionen und Wünsche und Realität aufeinandertreffen, während die Kraft der eigenen Person auf den Widerstand der Welt trifft. Das Übergangsobjekt begründet dergestalt einen lebenslang wirksamen »kreativen Übergangsraum, der weder ganz der eigenen Person noch der Umwelt zugehört, weder allein Phantasieobjekt noch ganz manifeste Realität ist«.[21]

Die zentrale Rolle der Dinge für die Entwicklung des Menschen haben auch andere Theoretiker und Wissenschaftler wie Jean Piaget, George Herbert Mead oder Sigmund Freud betont. Der Biologe Piaget hat in seinen entwicklungs- und kognitionspsychologischen Studien gezeigt, wie sich Ordnungsschemata und Denkstrukturen anhand des Umgangs mit Dingen herausbilden. Ein Spielzeug fällt hinunter, einmal, mehrmals – schon ist der innere Newton erwacht, der die Gesetze der Schwerkraft erfährt. Wichtig ist für Piaget auch die Objektpermanenz. Das Kind lernt – ungefähr ab dem sechsten Monat –, dass die Dinge noch da sind, auch wenn sie zwischenzeitlich aus seinem Wahrnehmungsbereich verschwinden. Sie tauchen wieder auf – genau wie die Eltern, und wieder eine Angst bewältigt! An Objekten wird der Umgang mit Abwesenheit eingeübt – eine Erfahrung, die den seinen Enkel beobachtenden Psychoanalytiker Freud zu seiner berühmten Studie zum Fort-da-Spiel inspiriert hat: Immer wieder wirft das Kind den gleichen Gegenstand weg – um immer wieder die beglückende Erfahrung zu machen, dass er wieder auftaucht (weil ein geduldiger oder leicht entnervter Elternteil oder sonst wer den Gegenstand wieder anreicht). Im Wegwerfen wird das Kind zum Subjekt, das den Vorgang der Trennung beherrscht, d. h. die schmerzhafte Erfahrung, getrennt zu sein, aktiv in einen Triumph verkehrt. Siege dieser Art prägen unser Leben – wir kommen darauf zurück.

Der Philosoph und Sozialpsychologe George Herbert Mead wiederum betont, dass Säuglinge anhand von Gegenständen die Perspektivübernahme trainieren. Sie schreiben den Dingen ein eigenständiges Leben zu. Spätestens beim Spielen mit Puppen werden diese Projektionen augenfällig. In ihnen, aber auch anderen Spielzeugen wie Teddybären, werden die Dinge so lebendig, dass die Puppenforscherin Insa Fooken sie als ›heimliche Menschenflüsterer‹ bezeichnet. Als beseelte Gegenstände begleiten sie die Kindheit und gestalten sie mit. Wie der Umgang mit Übergangsobjekten findet das Spielen mit Puppen in einem Raum zwischen der inneren Welt des Kindes und der äußeren statt. Dieser Zwischenraum ist uneindeutig, dynamisch, offen – und von existentieller Bedeutung, denn Menschwerdung realisiert sich als lebenslange »Dynamik des Verpuppens und Entpuppens«[22], wie der sprachliche Niederschlag zeigt, den das Spielzeug in diesen Begriffen gefunden hat. In diesen Ereignissen verschränkt sich die identitätsstiftende Solidität und Materialität der Dinge mit der Fluidität und Offenheit von Transformationsprozessen. Auch Winnicott betont die lebensgeschichtliche Perspektive, wenn er die kindliche Fähigkeit, ein lebloses Ding mit Bedeutung aufzuladen und zu verlebendigen, als Grundlage des Spielens und dieses als Basis der Kreativität versteht. Friedrich Schiller hatte offenbar recht, als er sagte: »[D]er Mensch spielt nur, wo er in voller Bedeutung des Wortes Mensch ist, und *er ist nur da ganz Mensch, wo er spielt.*«[23]

Puppen stellen für Kinder imaginäre Gefährten und lebendige Gegenüber dar; damit wiederholt sich individualbiographisch Menschheitsgeschichte. Von alters her Begleiter und Stellvertreter der Menschen, wurden sie in der Frühzeit als »Gegenstand gewordene Projektion« (Fooken) zum beseelten Ding mit magischen Kräften, waren Menschen und Götter zugleich und fungierten als Ersatz für Menschen- und Tieropfer. Vermutlich fand in diesem Zeitraum ein fließender Übergang von der religiösen Opferfunktion zum Spielen statt, bevor die Puppen später zunehmend als pädagogische Vermittler eingesetzt wurden, um Kinder auf ihre gesellschaftliche Rolle vorzubereiten.

Die besondere Bedeutung der Puppe für den Menschen hat sich ein weiteres Mal sprachgeschichtlich niedergeschlagen: Das Wort »Pupille« entstammt dem lateinischen *pūpilla* (›kleine Puppe‹), weil das eigene Spiegelbild im Auge des Gegenübers als Püppchen erscheint.[24] Beziehen lässt sich dieser Vorgang auf das Spiegelstadium, das der Psychoanalytiker Jacques Lacan als grundlegend für die Subjektgenese beschrieben hat: Das Kind spiegelt sich in der mütterlichen Pupille und erkennt sich – ein Vorgang, der sich im Spiel mit Puppen wiederholt und dabei zugleich auf die Ding- und Objektwelt übertragen wird.

Wie die Subjektgenese, so vollzieht sich auch die Beseelung von Dingen durch einen Blickwechsel – im zweifachen Wortsinne. Wir tauschen Blicke aus oder nehmen eine andere Qualität wahr als zuvor. Dabei finden Zuschreibungsprozesse statt: »Durch den Blick entscheidet sich, ob eine bzw. welche Art von *Beseelung* der Puppe als Menschenabbild zuteil wird«.[25] Es sind diese subjektkonstituierenden Prozesse und die Menschenebenbildlichkeit, die Puppen von allen Dingen auch am gruseligsten wirken lassen können – es muss nicht gleich Chucky, die Mörderpuppe, sein. Schon die Automatenfrau in E. T. A. Hoffmanns schwarzromantischer Erzählung *Der Sandmann* (1816) brachte den Protagonisten um den Verstand, und die verwirrenden Effekte der scheinbaren oder auch wirklichen Belebung finden sich noch in Romanen wie *Maschinen wie ich* (2019) von Ian McEwan oder in Filmen wie *Ich bin dein Mensch* (2021) von Maria Schrader, in denen es um Androiden geht. Eigentlich nur Artefakte mit Algorithmen … aber weiß man's?

Die Nähe zu den Dingen kann eine dunkle, bedrohliche Seite haben. Die in Friedrich Theodor Vischers Roman *Auch Einer* (1879) beklagte Erfahrung – »Von Tagesanbruch bis in die späte Nacht, so lang irgend ein Mensch um den Weg ist, denkt das Objekt auf Unarten, auf Tücke«[26] – ist offenbar so weit verbreitet, dass sie als enervierende ›Tücke des Objekts‹ zur Redewendung avancierte. Im *Märchen von Herrn Korbes* wird selbiger umstands- und mitleidlos ohne weitere Erklärung durch Tiere und Gegenstände getötet – Beweis dafür, dass er ein schlechter Mensch gewesen sein muss. In Marlen Haushofers Roman *Die Mansarde* (1969) ahnt die Protagonistin nicht nur, dass die Dinge jenseits von uns ein Eigenleben führen, sondern auch, dass sie uns ihnen gleichmachen könnten: »Deshalb haben wir auch immerzu Angst, die Dinge könnten ihre unendliche Geduld ablegen, den Bann brechen und in ihrer wahren, schrecklichen Gestalt auf uns einstürzen. […] Die Dinge könnten uns unter ihrer Fremdheit begraben, wir vergäßen ihre Namen und würden selber zu namenlosen Dingen.«[27]

Ein solches Gefühl kennt etwa der Protagonist des Romans *Die Aufzeichnungen des Malte Laurids Brigge* (1910) von Rainer Maria Rilke, wie Dorothee Kimmich feststellt: »Seine Hand ist ein Ding und das Ding lebt.«[28] Malte Laurids Brigge macht eine im Wortsinn befremdende Erfahrung: Da die Moderne keine lebenden Dinge mehr kennt, sind die Dinge nicht nur tot, sondern auch fremd. Sich selbst oder einen Teil des eigenen Körpers als Ding zu identifizieren, bedeutet damit, etwas Lebendiges als Totes und Fremdes wahrzunehmen – oder als etwas dazwischen. Ein diffuser Raum entsteht, in dem die ontologischen Qualitäten von Menschen und Dingen verschwimmen. Dazu noch einmal Kimmich: »Dinge in der Moderne sind dem Menschen nicht nur fremd, sondern auch oft sehr ähnlich – und damit ebenso irritierend wie provokant: Sie sind oft lebendig oder fast lebendig oder so etwas Ähnliches wie lebendig.«[29] Das kann mit Blick auf die Rolle, die die Objekte für die Menschwerdung spielen, auch kaum erstaunen – und widerspricht der kategorialen Trennung in tote Dinge und lebende Menschen. Zwischen vertraut und lebendig, fremd und tot, freundlich und feindlich agieren die Dinge in diesen lebenslangen Prozessen. Es scheint sich um fragile, produktive und gefährliche Vorgänge zu handeln, deren Ausgang ungewiss ist – schaut man, wie Marlen Haushofer, genauer hin: »Ein Mensch zu sein ist ein sehr ungewisser Stand.«[30]

Trotz der modernen Aufräumarbeiten ist eine Faszination geblieben für die lebendigen Dinge, die sich nicht nur im Reich der Imaginationen, sondern ausgerechnet auch auf dem Terrain des rationalen Tuns und Treibens, also der Wissenschaft, feststellen lässt. Auch hier, bemerkt Elke Brüggen, faszinieren insbesondere die Gegenstände und Artefakte, denen eine Macht oder Wirkmächtigkeit attestiert wird, die eine Widerständigkeit oder einen Eigen-Sinn zu besitzen scheinen und die deshalb als *Dinge von Gewicht* empfunden werden.[31] Diese Qualität war den Dingen in der Vormoderne grundsätzlich eigen, denn sie haben *bedeutet*. Zwar war die Bedeutung verborgen und musste erst dechiffriert werden, grundsätzlich aber agierte der Mensch damit in einem *bedeutungstragenden* Kosmos, der ihn einschloss und umhüllte. Erst mit der Moderne etablierte sich die Kluft zwischen Menschen und Dingen, die die Literatur und den neu erfundenen Film zu Schauplätzen machte, an dem Artefakte – seien sie widerborstig, hilfreich, gruselig oder lustig – weiter herumspuken durften. Das Problem: Zwar blieben die Dinge dort lebendig, bedeuteten aber jenseits dieses Spielraums nicht mehr. Nicht zu bedeuten, heißt aber, aus Sinnzusammenhängen ausgeschlossen zu sein.

Dies hat Konsequenzen auch für diejenigen, die – wie der »zeitgenössische Dingphilosoph Charlie Chaplin« – die Dinge anders als tot und leblos wahrnehmen: Die Dingfreunde der Moderne, fasst Dorothee Kimmich zusammen, »sind ein wenig verrückt. Sie sind nicht identisch mit sich; sie sind sich selbst so ähnlich wie den Dingen«.[32]

Doch diese vielbelächelte Gruppe könnte sich bald von der Arriere- zur Avantgarde transformieren, denn die neuesten medialen und technologischen Entwicklungen heben die so säuberlich gepflegten Schranken wieder auf: »Das Internet der Dinge ist durch Emergenz, Interdependenz und untereinander kommunizierende Artefakte bestimmt. Damit erinnert es an das seit der Antike bestehende Konzept einer Weltseele.«[33]

War früher Gottes Weltordnung hinter Wolken verborgen, so sind es heute die Datenmengen der Cloud. Auch die ihnen verbundenen Dinge werden auf neue Weise wieder lebendig: Sie erleichtern das Alltagsleben nicht nur, sondern strukturieren es zunehmend eigenständig – im Smart Home bestellt der Kühlschrank die Einkäufe, die das Auto dann eigenständig herbeifährt, derweil Sensoren im Haus für angenehme Raumtemperaturen und Lichtverhältnisse sorgen, das Kind mit Smart Toys interagiert, während der solchermaßen entlastete Bewohner schnell noch einen Wunsch an Alexa oder Siri übermittelt (ruhige Musik, bitte!), um dann seine gewonnene Zeit nutzen zu können und ausgiebig auf seinem Smartphone herumzuwischen und zu tippen.

Eingebunden in diese technologischen Umwelten frönt der aufgeklärte Zeitgenosse eigentlich einem Technoanimismus, der die Designforscherin Judith Dörrenbächer an das magische Denken von kleinen Kindern erinnert, die noch nicht zwischen innerem Selbst und äußerer Welt unterscheiden können. Während wir diese hochleistungsstarken und zugleich so klitzekleinen Dinger immer weniger verstünden, entstehe im Streicheln, Betippen und Wegwischen der Oberflächen eine neue, eigenartige Nähe. Mensch und Artefakt verschmölzen dabei förmlich miteinander, und es »wird immer undeutlicher, wo das Eigene aufhört und das Fremde beginnt und wer/was hier wen/was lenkt und steuert«.[34] Der eigene Körper ist in diesem neuen, allumfassenden und allgegenwärtigen Reich der Dinge kein Fremder mehr, sondern wird, eingebunden in die Datenmengen der Smart Watch, ebenso überwacht, gesteuert und optimiert. Die Erfahrung von Laurids Malte Brigge – »Seine Hand ist ein Ding und das Ding lebt« – könnte heute diese sein: Sein Handgelenk ist ein Ding, das die Smart Watch trägt, in der sich sein Leben abspielt.

III Leben mit Dingen

Ob Dingfreund oder nicht, so ziemlich alle Menschen leben mit Dingen. Es mögen nur sehr wenige sein, aber gänzlich ohne könnte vermutlich nur ein Säulenheiliger auskommen – und selbst der bräuchte für seine weltabgewandte Askese besagte Säule. Das Verhältnis zu den Dingen kann dabei von gläubiger Verehrung bis hin zu Verachtung reichen. Alltäglich gilt es zu entscheiden, welchen Dingen wir welchen Platz einräumen und wie wir uns zu ihnen stellen. Etwas kann eine Reliquie sein oder Müll – verehrungswürdig oder verachtenswert.

Dinge können ihren Platz im persönlichen Ranking tauschen, von ehemals absolut lebensnotwendig zu nun vollkommen peinlich, dies könnte zum Beispiel einer Einhorn-Sammlung in der Pubertät passieren. Dinge, die uns repräsentieren, ändern sich ebenso wie solche, mit denen wir Status ausdrücken oder Zugehörigkeit signalisieren (das Wissen um die *richtigen* Jeans) und Dekorationen, die das Leben einst schöner machten, können auf einmal ungeliebt und ergo glanzlos herumstehen – die Liste ist endlos. Permanent sind Be- und Umwertungsprozesse im Gange, denen wir die Gegenstände unterziehen. Anhand dieser Prozesse weisen wir den Dingen Bedeutungen zu und positionieren uns zugleich in der Welt. Sie vollziehen sich im Gefühlsspektrum von alltäglich – was Müll oder Abfall ist, entscheiden wir relativ emotionslos jeden Tag – bis hochdramatisch, wenn zum Beispiel das Erbe der Eltern aussortiert werden muss.

Aufräumen und Wegwerfen sind Vorgänge, die Ordnung schaffen sollen. Es geht nicht nur darum, Schmutz und Dreck zu beseitigen, sondern gewissermaßen *klar Schiff zu machen*, die Dinge *an ihren Platz zu stellen*. Dazu müssen sie aber als schön, nützlich, behaltenswert definiert oder als unnütz, alt, überflüssig redefiniert werden. Doch auch hier lauert die Tücke des Objekts! So jedenfalls Harald Martensteins Erfahrung beim Versuch, den Kleiderschrank aufzuräumen: »Es gibt Hemden, die mir seit fünfzehn Jahren immer wieder einige Sekunden lang gefallen. Dann tue ich sie in den Schrank zurück, woraufhin sie mir wieder fünf Jahre lang nicht gefallen.«[35]

Dazukommt noch der unselige Endowment-Effekt, der dazu führt, dass wir unseren Besitz allein deshalb für wertvoller halten, weil *wir* ihn besitzen. Dieser Besitztumseffekt, wie Ökonominnen ihn auch nennen, hat das Idealbild des rationalen *Homo oeconomicus* in zahlreichen Experimenten widerlegt: Dem Käufer erscheint ein Gegenstand weniger wertvoll als der Verkäuferin – das Flohmarkttrauma, wer kennt es nicht. Was zunächst logisch erscheinen mag – jede:r will ja Gewinn erzielen –, ist zutiefst irrational: Bekommen Versuchspersonen eine Kaffeetasse geschenkt, wollen sie diese nicht gegen Schokolade eintauschen; bekommen sie zuerst die Schokolade, interessiert sie die Tasse nicht mehr.

Nicht nur das Behalten, vielleicht mehr noch das Wegwerfen von Dingen ist ein weitaus komplizierterer Akt, als es scheint – zumal Dinge, wie Margit Schreiner feststellt, irgendwie die Tendenz haben, mehr zu werden, will man sie ausmisten: *Kein Platz mehr* (2018) lautete ihr zum Buchtitel gewordener Befund. Die Erzählerin hatte zusätzlich zu ihrem Appartement Wohnfläche hinzugekauft, um Platz zu schaffen und trotzdem Sachen aufbewahren zu können – und fragt sich dann, wo all die Bücher, die nun in der neuinstallierten Bibliothek stehen, eigentlich früher untergebracht waren.[36] Ratgeber und Zeitschriftenartikel reduzieren das Problem nicht selten darauf, dass uns einfach zu vieles zur Verfügung stehe und wir den Überblick verlören. Im Immer-weiter-Anschaffen von Gegenständen erschöpfe sich unsere Energie, die uns dann fürs Aufräumen und Ausmisten fehle. Eine einleuchtende These, die aber nicht alles erklärt. Denn dieses private Verhalten zeigt sich auch im globalen Maßstab.

Die im 19. Jahrhundert einsetzende Industrialisierung hat, massiv befeuert durch die Konsumkultur des 20. Jahrhunderts, für eine wachsende Warenflut und damit auch für die zunehmende Vermüllung des Planeten gesorgt. Laut Statistischem Bundesamt produzierte im Jahr 2021 jeder Verbraucher in Deutschland im Durchschnitt 620 Kilogramm Abfall, der UN zufolge fielen 2022 weltweit unglaubliche 62 Millionen Tonnen Elektroschrott an. Bei all dem ist der Datenmüll – die Dark Data – noch nicht miteinberechnet: Auch diese ungenutzten Datenmengen benötigen Speicherplatz und produzieren CO_2, 2020 waren es geschätzte 6,4 Millionen Tonnen. Dieser ganze Müll bildet die Kehrseite der schönen Dinge. Es sind ihre ungeliebten Antipoden, das Verdrängte, Hässliche, das Amorphe, Gestaltlose, Stinkende, der Bodensatz, das, was keiner haben will, was entsorgt werden muss, verbrannt oder auch ökobewusst recycelt.

Ein negativ konnotierter Akt der Trennung ist dem Begriff ›Abfall‹ bereits ursächlich eingeschrieben: Zunächst als ›Abfallen‹ – als Lossagung – von Gott oder einem Herrscher verstanden, wird er (laut Ludolf Kuchenbuch in einer Analyse der entsprechenden Lexikoneinträge) ab der zweiten Hälfte des 19. Jahrhunderts im Zuge der industriellen Revolution zunehmend für materielle Reste der gewerblichen Produktion verwendet. Das gestiegene Konsumverhalten produziert ständig mehr Müll, es kommt in den immer stärker wachsenden Städten zu einem Hygieneproblem. Die Lösung: Regelmäßig kommt die Müllabfuhr. Damit ist zunächst das akute städtische, nicht notwendig aber das individuelle Problem gelöst – dazu später mit Italo Calvino mehr.

Mit dem Anwachsen der Abfall- und Müllberge wächst nicht nur der Wortbestand an, auch die Beseitigung des Ausrangierten selbst wird zunehmend problematisch. Dies signalisiert die steigende Anzahl an Lexikonartikeln ab Ende des 19. Jahrhunderts, an denen sich die Bemühungen ablesen lassen, die stetig wachsenden Abfallberge zu bändigen und zu beseitigen – angesichts einer systematisch auf Verschleiß zielenden Produktion im *Throwaway Age* (Vance Packard) ein zunehmend unlösbares Problem, das die schöne Erde zum ›Müllplaneten‹ degradiert. Seit den 1930er Jahren haben sich drei Hauptformen des Umgangs mit dem nicht mehr Gewollten etabliert: *Verwalten. Verwerten. Vernichten.*[37]

Der Begriff ›Müll‹ taucht in einschlägigen Lexika in diesem Kontext erst gegen Ende des 19. Jahrhunderts als eigenständiges Stichwort auf, hat aber auch eine sprachliche Vorgeschichte. Er stammt aus dem mittelhochdeutschen *mulle, mul* bzw. althochdeutsch *mulli*: ›Abfall, Kehricht‹ und seine etymologischen Entwicklungen sind dem Zerstoßen, Zermalmen und Mahlen verbunden. ›Müll‹ betont stärker noch als ›Abfall‹ das Amorphe und Ungestalte – Abfall kann man vielleicht recyceln, Müll eher nicht. Entsprechend heißt es auch Atommüll, nicht Atomabfall.

Doch nichts ist per se Müll. Davon abgesehen, dass selbst der Abfall vergangener Zeiten wertvolle Indizien für Archäologinnen enthält, anhand derer sie sich ein Bild vergangener Kulturen machen, hatte auch jedes Zeitalter und jede Kultur eine andere Vorstellung davon, was Abfall, Müll und Schrott seien. Zu Zeiten, in denen noch kein Überfluss herrschte und Waren nicht permanent verfügbar waren, wurden Dinge seltener ausrangiert und weggeworfen, sondern stärker gepflegt und repariert – Verhaltensweisen, die im Recyceln oder Upcycling und in Repaircafés gegenwärtig ihre Renaissance erfahren.

Etwas als Abfall und Müll zu definieren, hat allerdings nicht nur individuelle, sondern auch immense gesellschaftliche Bedeutung. Die Ethnologin Mary Douglas hat in ihrer kanonischen Studie *Purity and Danger* (1966) die Definition dessen, was sauber und rein oder was dreckig und unrein ist, als grundlegend für die gesellschaftliche Ordnung beschrieben. Schmutz sei »Materie am falschen Platz«, sie störe die gesellschaftliche Ordnung und bringe Reinigungsvorgänge in Gang. Was dies auf der politischen Ebene bedeutet, kann man in fremdenfeindlichen und rassistischen Diskursen und Praktiken sehen: Die entwertende Unterstellung, nicht zur gleichen Spezies – nämlich: Mensch – zu gehören, geht oft mit einer Verdinglichung einher. Auch die Verbindung von Müll und Mensch, wie sie in den, ja: *abfälligen* Begriffen ›Müllmenschen‹ oder *White Trash* zum Ausdruck kommt, ist dehumanisierend. Während *White Trash* im reichen Norden den menschlichen Bodensatz der Gesellschaft bezeichnen soll, werden als ›Müllmenschen‹ die Müllsucher:innen bezeichnet, die im Globalen Süden ihr Auskommen darin finden müssen, was der Reiche Norden ihnen als Abfall und Ramsch vor die Tür wirft (allerdings wollen einige Länder keine Müllkippe mehr sein). Wird etwas wiederverwertet, so ist es nicht mehr Müll, sondern Ressource – dies gilt für schickes Upcycling in den urbanen Zentren ebenso wie für die stinkenden Müllberge in Indien und anderswo.

Umwertungen

Nicht nur historisch und kulturell regieren unterschiedliche Vorstellungen davon, was als Abfall und Müll angesehen wird, sondern auch individuell. Ein Extrembeispiel bilden die sogenannten Messies. In den Augen ihrer Mitmenschen leben sie in zugemüllten Wohnungen, in ihrer eigenen Wahrnehmung hingegen häufig mit Wertvollem, das sie nur noch nicht haben sortieren können. Auch hier liegen Schönheit und Wert der Dinge im Auge des Betrachters: »Heute bin ich mal auf dem Fleck gewesen, wo die Aschenmänner den Müll [...] hinbringen. Donnerwetter, war das schön [...]!«[38] – das schrieb allerdings nicht etwa ein zeitgenössischer Messie, sondern der begeisterte Vincent van Gogh im Jahr 1883 in einem Brief, in dem er sich auch auf die Ladung ausrangierter Dinge freute, die tags darauf direkt in sein Atelier gebracht werden sollten.

Nicht zuletzt in der Kunst fanden denn auch signifikante Umwertungsprozesse statt, die den Abfall nobilitierten. Durch das Benutzen und Abbilden von Schrott, Unrat und Dreck provozierten Künstler:innen und stellten an bürgerlicher Sauberkeit und Ordnung orientierten Schönheitsidealen andere Entwürfe entgegen. Bereits die holländische Genremalerei des 17. Jahrhunderts inszenierte Staub und Schmutz in ihren Gemälden,[39] später zeigten sich außer van Gogh auch Kurt Schwitters und Pablo Picasso angetan von Abfällen aller Art. Nicht der feingeistige, reinlich gekleidete Dichter, sondern der schmutzige Lumpensammler avancierte mit Charles Baudelaires Gedichten zum ästhetischen Vorbild jener »Archivisten der Moderne« (Babara Thums), die am Anfang des 20. Jahrhunderts den kulturellen und sozialen »Kehricht des 19. Jahrhunderts« auflasen und geschichtsphilosophisch neu deuteten: Programmatisch verstand Walter Benjamin sein monumentales *Passagenwerk* als Abfallgeschichte, den gleichgesinnten Soziologen Siegfried Kracauer bezeichnete er als »Lumpensammler frühe im Morgengrauen, der mit seinem Stock die Redelumpen und Sprachfetzen aufsticht«.[40] Am Ende des 20. Jahrhunderts, im Jahr 1999, übertrug Rainald Goetz mit seinen Blog *Abfall für alle* diese Haltung dann in das neue Medium Internet – eine Sammlung all der Dinge, mit denen man so alltäglich zu tun hat und die den ›schmutzigen‹ Urgrund der schönen Kunst bilden.

Der verachtete, ›niedere‹ Abfall eroberte zunehmend auch hochkulturelle Räume. So zieren seit 1995 fünf Skulpturen der *Hudson River Valley Series* von Frank Stella den Campus der Friedrich-Schiller-Universität Jena – monumentale Schrottgebilde aus verbeulten Dachrinnen, Kotflügeln, ausrangierten Waschmaschinentrommeln und Ähnlichem. Sicherlich einen eigenen Höhepunkt in diesem Kontext bildete 1960 die Kunstaktion *Le Plein* (›Die Fülle‹) von Arman in der Galerie Iris Clert in Paris: Der Künstler ließ den gesamten Ausstellungsraum mit städtischem Müll füllen, der sich bis an die Decke stapelte und gegen die Schaufensterscheibe drückte. Die Besucher:innen mussten die Galerie durch den Hintereingang betreten, von wo aus sie über eine Rampe über den Müllberg spazieren konnten.

Arman bezog seine Müllausstellung *Le Plein* auch auf die Ausstellung *Le Vide* (›Die Leere‹) von Yves Klein, die zwei Jahre zuvor, 1957/58, am gleichen Ort stattgefunden hatte. Kleins leerer, weißgestrichener Raum setzte das Nichts, die Reinheit, die Konzentration und gewissermaßen auch Spiritualität in Szene, Arman kontrastiv die Überfülle, den Überfluss, das Verbrauchte, Nutzlos gewordene, Stinkende, den Ekel – Abjekte, die verworfen werden und hier wieder auftauchen. Der Hintereingang, durch den die Besucher:innen die Galerie betraten, ist sicher die passende psychoräumliche Verortung für das, was als Dreck, Ausgeschiedenes, Wegzuschaffendes, möglichst Unsichtbares firmiert und fungiert.

Kaum erstaunlich, dass Abfall aller Art nicht nur als Sujet der in der Moderne nicht mehr schönen Künste fungiert, sondern mittlerweile auch zum Katastrophenzeichen avanciert ist. Kein Endzeitszenario, keine Dystopie, die nicht symbolträchtig Schrott und Abfälle in den Straßen drapiert, durch die entweder Letzte Menschen oder Zombies streifen, in denen aber der Wind nicht mehr wie im Western verknäulte Steppenläufer als Zeichen verwahrloster Natur, sondern alte Papierfetzen und Zeitungsseiten als Symbol der untergegangenen Zivilisation wehen lässt. Es ist denn auch die kulturgeschichtlich wenig angesehene, mit Unrat assoziierte Ratte, die in Günter Grass' Roman *Die Rättin* bereits 1986 zur Generalabrechnung ausholt: »Was vom Menschengeschlecht geblieben, zählen wir zum Gedächtnis auf. Von Müll befallen, breiten sich Ebenen, strändelang Müll, Täler, in denen der Müll sich staut. Synthetische Masse wandert in Flocken, Tuben, die ihren Ketchup vergaßen, verrotten nicht.«[41]

Weitergeben, Schenken, Spenden

Vorderseite und Hintereingang: Abfall und Müll werden oft als die »Kehrseite der Dinge« (Sonja Windmüller) wahrgenommen. Das impliziert entweder eine radikale Kehrtwende seitens der Dinge, die uns auf einmal die kalte Schulter zeigen, oder aber einen Blickwechsel seitens der Menschen, die in den Dingen nur noch Nutzloses, Abgelebtes und Trash sehen, den es loszuwerden gilt. Doch wie? Diese Frage stellt sich vor allem dann, wenn die Dinge zwar nicht mehr zu einem und ins eigene Leben passen, aber weit davon entfernt sind, deswegen gleich Müll zu sein. In ihrer Studie *Living with Things. Ridding, Accomodation, Dwelling* (2007) hat die Ethnologin Nicky Gregson untersucht, wie Menschen sich von Dingen trennen – ein Akt des *divestment*, des Sich-Lossagens. Dabei sieht sie dieses Loslassen nicht als isolierten Akt, sondern als Endpunkt einer langen Kette von Handlungen, die mit dem Erwerben oder Erben, also mit dem Sich-Aneignen von Dingen beginnt, mit ihrer Pflege und Benutzung weitergeht und schließlich in der Loslösung von ihnen endet. Eingebettet sind diese Vorgänge in den Prozess des Wohnens, des ›Zuhauseseins‹, den man sich gar nicht aktiv genug vorstellen kann – auch wenn es bei vielen Hausmurmeltierchen gar nicht so erscheinen mag.

Zu Hause zu sein bedeutet nicht nur, seine eigenen gemieteten oder gekauften vier Wände zu haben, sondern ein Zusammenleben mit möglicherweise anderen Menschen, vielleicht auch Tieren, auf jeden Fall aber mit Dingen. Anhand dieser Gegenstände eignen wir uns den Raum an und machen ihn zu unserem eigenen. Wir verbinden uns dabei mit anderen Menschen, die uns diese Dinge vererbt oder geschenkt haben oder sie ebenfalls benutzen – weit mehr, als das dekorative Aufstellen von Blumenvasen und das Anbringen hübscher Bilder vermuten lässt.

Zum Es-sich-häuslich-Machen gehört Gregson zufolge ebenso das Aussortieren von Gegenständen. Da aber alle Dinge auch Bestandteile eines sozialen Kosmos sind, ist dieses Sich-Lossagen gar nicht so leicht, auch wenn es durchaus befreiend sein kann – wie zum Beispiel im Falle einer Trennung. Aber schon der Tod eines geliebten Menschen kann das Weggeben seiner oder ihrer Dinge zu einem extrem schmerzvollen Akt machen, den viele lange hinausschieben. Und auch eigentlich freudige Prozesse wie das Herauswachsen der Kinder aus Kleidung und das Ablegen von Spielsachen gestalten sich gar nicht so einfach, sondern häufig ambivalent. Die von Gregson befragten Mütter suchten etwa nach Möglichkeiten, Kleidung und Spielzeug ihrer Kinder zu ›retten‹, indem sie diese Sachen an andere Mütter weitergaben oder Charity-Einrichtungen spendeten.

Ein Wohltätigkeitsladen ist auch der erste Anlaufpunkt

für Ursula Ott, die über eine andere Schwierigkeit im Zuge des Älterwerdens erzählt: Sie muss die Wohnung ihrer Mutter leerräumen, als diese ins Seniorenheim umzieht. Die Idee, die Gegenstände und Möbel zu verkaufen und zu verschenken, stößt schnell an ihre Grenzen, denn die professionellen Ankäufer und Entrümpler interessieren sich nur für besonders ausgefallene Stücke, und in den Wohltätigkeitsläden stauen sich bereits die generationentypischen Dinge wie die ehemals beliebten schweren Weingläser, die heute niemand mehr haben möchte. Wohin also mit all dem Zeug? »Die Geflüchteten. Sie sind die Traum-Zielgruppe für alle Menschen, die ausräumen. Wer aus Syrien, Afghanistan oder Somalia nach Ravensburg kommt, besitzt nichts. Kann alles brauchen. Dachte ich, aber ganz so einfach ist es nicht.«[42]

Nein, ist es wirklich nicht, wie sich am Ende der Geschichte zeigen wird, die letztlich von dem handelt, was man mit Jacques Derrida die Ethik der Gabe nennen könnte. Doch zunächst geht es Ursula Ott nur darum, dass sie Geflüchtete finden muss. Sie spannt die Kirche ein und wird viele Dinge los, andere Gegenstände verkauft sie jungen Eltern, die sich nicht so recht dagegen wehren können, mehr mitzunehmen als ursprünglich geplant. Am Ende erkennt Ott das grundlegende Problem des Weitergebens und mildtätigen Spendens: »Viele Dinge finden eine neue Bestimmung, das ist schön. Aber andere Dinge verlagern nur ein Problem. Wir werden ein Teil los. Das Teil belastet dann aber in absehbarer Zeit die Nächsten. Ein Phänomen, von dem auch Aufräumprofis berichten. Am radikalsten die Autorin Marie Kondo [...]. Sie berichtet, wie sie selber jahrelang ihrer kleinen Schwester T-Shirts und Röcke aufdrängte, die ihr selber nicht mehr passten. ›Was ich getan hatte, war nichts anderes, als meine Schuldgefühle, weil ich die Dinge nicht wegwerfen konnte, unter dem Deckmäntelchen der Freundlichkeit einer anderen Person aufzudrängen.‹ Stimmt. Vermutlich ist die Japanerin so etwas wie eine Heilige, denn sie beteuert in ihrem Buch, sie habe das *nie wieder* getan. Weil es egoistisch sei. Wir haben das in dem Jahr des Aufräumens ständig getan. Puh, nennt es meinetwegen egoistisch. [...] Ja, meine Freundlichkeit war vielleicht ein Deckmäntelchen. Aber wieder war ein Regal geschafft. Und so leerte sich Zimmer um Zimmer.«[43]

Es ist die kleine Interjektion ›puh‹, in der sich der affektive Gehalt dieses Textes bündelt – ein Stoßseufzer als Symptom. Mit ›puh‹, so der Duden, drücken wir das Bewältigen einer Anstrengung oder auch Unbehagen, Distanzierung und Ablehnung aus. In Otts Seufzer macht sich aber nicht die Anstrengung Luft, ein Jahr lang eine Wohnung leergeräumt, sondern dies mit permanent schlechtem Gewissen getan zu haben. Die Dinge ist man losgeworden, den Psychomüll hingegen nicht. Und deshalb bindet der Text hier die Leser:innen ein, indem er sie direkt adressiert: »Puh, nennt es meinetwegen egoistisch« – ein Schuldbekenntnis in der stillen Hoffnung, diese mögen einen exkulpieren, denn sind sie nicht oft genauso eigennützig? Der letzte Absatz funktioniert wie das geschilderte Entsorgen der Gegenstände: Auch mit diesem *Text* will die Autorin etwas loswerden und uns, den Leser:innen, andrehen – ihr eigenes Schuldgefühl, von dem sie sich noch nicht befreit hat.

Otts Geschichte beschreibt eine Haltung, die nicht ungewöhnlich oder zynisch ist. Sie ist von dem verständlichen Bemühen getragen, die von ihrer Besitzerin geschätzten

Dinge zur Ressource, zur Gabe zu machen: Keinesfalls sollen sie auf den Müll oder in den Abfall, sondern auf jeden Fall ein Weiterleben finden. Trotzdem widerspricht diese Haltung fundamental dem, was man mit Derrida die Ethik der Gabe nennen könnte: dem Schenken als einer reinen Geste, die keinerlei Gegengabe kennt (eben auch keine psychische: Egoismus besudelt die schöne Gabe und macht sie unrein).

Which side are you on?

Warum etwas wegwerfen? Um Platz für *Neues* zu schaffen? Oder um *überhaupt* Platz zu schaffen? Und geht es dabei um die *Dinge*, derer man sich entledigen möchte, oder mehr um den *Akt* des Wegwerfens und Loswerdens selbst? Wer kennt ihn nicht, den Wunsch nach dem Rundherum-Befreiungsschlag? Sind wir von zu vielen Dingen und ihren Anforderungen umgeben – schon allein das Sauberhalten! –, können die unzähligen Gegenstände zur Last und auch zum Ausdruck des Gewohnten, der immer gleichen Routinen, der allgegenwärtigen Verpflichtungen werden. Das kann einen durchaus schon mal aggressiv machen: »Alles loswerden, es zum Verschwinden bringen, alles mögliche Seiende zum Nichtsein verwandeln, vernichten, so daß nichts übrigbliebe – eine zuweilen aufkeimende Phantasie«,[44] schreibt anschaulich der Philosoph Erik Porath. »Bring den Vorschlaghammer mit, wenn Du heute Abend kommst / Dann hauen wir alles kurz und klein«, ruft ihm musikalisch gleichgestimmt die Band *Element of Crime* zu.

Doch schon die niedrigschwelligere, alltägliche Abfallentsorgung ist hinsichtlich der Psychohygiene nicht zu verachten; ist sie doch hochkomplex und bringt uns mit ungeahnten Sphären in Verbindung, wie Italo Calvino in seiner Erzählung *Die Mülltonne* (1977) demonstriert. Hier geht es um nicht weniger als die Selbstversicherung des Lebenden, die bis zu Unsterblichkeitsphantasien reicht: »Nur wenn und indem ich wegwerfe, kann ich sicher sein, dass etwas von mir noch nicht weggeworfen worden ist und vielleicht nie weggeworfen werden muss.«[45] Nicht die wertgeschätzten Dinge spiegeln hier unser eigenes Lebendigsein, sondern ganz im Gegenteil das *Abjekt*, von dem wir uns in einem fundamentalen Akt abgrenzen können: die zu Abfall und Müll entwerteten, halbtoten und toten, ekligen und nun störenden Gegenstände.

Italo Calvino analysiert die Etappen und Bedeutungen der Abfallentsorgung minutiös. Diese beginnt mit dem Herausbringen des Mülls, der in Paris aus der häuslichen *poubelle* in einen Mülleimer auf der Straße geschüttet wird. Damit trete eine Privatperson in die Öffentlichkeit – und der Abstieg in die Unterwelt beginne. Denn ein *Teil* unseres Seins und Habens müsse ins Dunkel versinken, damit ein anderer dableiben könne, und zwar so lange, bis die »letzte Stütze unseres Seins und Habens, unsere physische Person«[46] als tote Hülle ebenfalls zur Verbrennungsanlage transportiert werden muss. Das »Begräbnis des Mülls« schiebe die eigene Beerdigung auf und bestätige, dass man noch Produzent von Abfällen und nicht selber Abfall sei.[47] (Dies könnte die Müllberge auf unserem Planeten erklären – als aufgehäufte stinkende Dokumente permanenter Todesverleugnung.)

Calvino zufolge vollzieht sich die Abfallentsorgung als

Ritus in einem ewigen Kreislauf von Leben und Tod, wobei die Müllmänner »als Totengräber der Dinge, Charons einer Unterwelt aus fettigem Papier und rostigem Blech« und als »schwarze und schwere Engel der Klarheit und Leichtigkeit«[48] fungieren. Keinesfalls dürfe man den »sakralen Charakter des Müllfortschaffens«[49] übersehen – und tatsächlich geht es auch um mehr als eine profane Mülltonne, wie sich am Schluss der Erzählung zeigt. Nun bekennt der Autor, sich schon seit Jahren schreibend mit diesem Thema zu beschäftigen. Plötzlich rückt auch das Recycling in den Blick – bei dem nichts »für immer verloren geht«[50] –, und der Hausmüll wird differenziert in Kochabfälle, die im Mülleimer, und Reste, die im Papierkorb landen. Und dies mit gutem Grund, denn wir würden uns die »Werke der Kulinarik« einverleiben, es sei aber ungewiss, ob das Werk »jemals zur Nahrung der Lektüre anderer werden und einen geistigen Stoffwechsel speisen wird«.[51] Schaut man genau hin, ist die Pointe der Erzählung also diese: Auch das literarische Werk basiert auf Abfällen wie Vorarbeiten und Manuskriptüberarbeitungen, und es macht ebenfalls den Schritt in die Öffentlichkeit – allerdings mit gegenteiligem Resultat. Statt dem ruhmlosen Ende in der Müllverbrennung winkt dem *veröffentlichten* Œuvre Ewigkeit im Bücherregal – wenn man Glück hat und den geistigen Stoffwechsel speisen wird. So gesehen ist nicht allein das Sich-Entledigen des Abfalls, sondern das von Dingen *überhaupt* ein Akt der Selbstversicherung auf *shaky ground*, der permanent reinszeniert werden muss: Wenn, so Calvino, »das Wegwerfen die erste unverzichtbare Bedingung des Seins ist, weil man immer das ist, was man nicht wegwirft, dann ist der erste körperliche und geistige Akt die Trennung zwischen dem, was von mir bleibt, und dem, was ich auf Nimmerwiedersehen in ein Jenseits dahinfahrenlassen muss«.[52] Und da dräut es auch schon, das Jenseits …

Erben

»Dinge qualifizieren sich als Erbstücke durch ihre Kontamination mit dem Tod, gehen doch ihre Definition und Bedeutung auf den Tod ihres Vorbesitzers, das heißt eines Erblassers zurück.«[53] So Ulrike Vedder, die als Literaturwissenschaftlerin viel über Dinge und ebenso viel über das Erbe geforscht hat. Dinge können also kontaminiert sein mit Tod und stehen damit den lebendigen und verlebendigenden Dingen diametral gegenüber. Ein Erbe zu erhalten, bedeutet damit gewissermaßen, mit den Gegenständen den Tod selbst in der Hand zu halten – und so fühlt es sich ja auch oft an. Nicht weil sie alt oder hässlich oder auch nur abgenutzt wären, all das müssen sie nicht sein, um diese Verunreinigung in sich zu tragen.

»Wenn die Eltern sterben, versinkt ihr Haus im Schlamm. Jeder, der einmal nach dem Tod seiner Eltern die Wohnung der Kindheit auflösen musste, weiß, wovon ich spreche«,[54] schreibt Margit Schreiner. Es entsteht ein undurchsichtiger, diffuser, vielschichtiger und opaker Raum aus Dingbeziehungen, Elternverlust, Ängsten, Wünschen und Affekten: »Nichts im Haus unserer Eltern ist uns gleichgültig«[55] – so fasst Lydia Flem die Erfahrung, das Heim ihrer verstorbenen Eltern ausräumen zu müssen, bündig zusammen. Das führt zu praktischer wie affektiver Überforderung angesichts der schieren Fülle und zu einem Gefühlschaos aus

Scham (Briefe werden geöffnet, Intimes angesehen), Schuld (hätte man nicht vor dem Tod alles Mögliche noch regeln, besprechen, ordnen sollen?), Wut (warum wird einem das alles aufgebürdet?) und einer seltsamen Mixtur aus Trauer und Triumph (ich lebe noch!).

Nicht selten ist es eine Welt im Chaos oder besser eine aus einer vormaligen Logik ins Wirrwarr gestürzte Welt, die die Erben vorfinden. Die Ordnungssysteme des verstorbenen Individuums sind nicht nachvollziehbar – oder vielleicht gab es auch keine? –, der Schlüssel zur inneren Logik dieses Mikrokosmos ist zusammen mit dem oder der Toten verschwunden: »Wer in aller welt soll das denn noch zusammendenken/-leben? Ein zettel voller namen ein unbeschriebenes namenpaket. Rezepte fotos rezepte. Und das foto mit opa im arztkittel und kleine unverbrauchte dinge die niemand mehr braucht. Aufgesparte gummiringe nie benutzte griffel.«[56] Dies ist eine vielen bekannte Situation, hier in *Muttersterben* (2002) mit der zartironischen Gattungsbezeichnung ›Prosa‹ beschrieben von Michael Lentz, der sonst Lyrik verfasst.

Es sind vielleicht weniger die Fotos, die man ja in vordefinierte Erinnerungsarchive wie Fotoalben oder Ähnliches ablegen kann, als vielmehr die kleinen unverbrauchten Gegenstände, die nun, da niemand mehr eine potentielle Verwendung für sie imaginiert, und die damit ihrer Bestimmung und ihres Sinns beraubt sind, etwas Verlorenes, ja Herzzerreißendes ausstrahlen (jedenfalls für die feinstofflicher Gestimmten). Ist es denn wirklich so, dass sie niemand mehr gebrauchen kann, nur weil sie nie benutzt worden sind? Aber wem will man diese Überreste, diese Überbleibsel, diesen Krimskrams und Kleinkram denn andienen? In einer ärmeren Weltregion würden sie vielleicht als wertvolle Güter angesehen, aber hierzulande? Klarer scheint der Fall in einer anderen literarischen Erbschaftsszene, die unfreiwillig komisch daherkommt – als sorge der Tod hier selbst sehr schwarzhumorig für einen Witz: In Ralf Rothmanns Roman *Milch und Kohle* (2000) überreicht der Erzähler dem Bruder nach dem Begräbnis der Mutter eine Tüte: »›Was ist das? Ein Geschenk?‹ ›Der Rest‹, sagte ich. ›Ihr Gebiß.‹«[57] Gebrauchen wird diesen Gegenstand wohl wirklich niemand mehr, die Entscheidung, was damit zu geschehen hat, ist eigentlich einfach, aber ... wie grausam.

Ob der Inhalt ganzer Häuser oder intime Körperprothesen, es muss etwas geschehen mit all den Dingen, die nun herren- und besitzlos in der Welt sind und ihrer neuen Bestimmung harren. So denkt die Protagonistin in Barbara Honigmanns Roman *Eine Liebe aus nichts* (1991) nach dem Tod ihres Vaters, dass »die Erinnerung aus den Gegenständen herausgefallen war; [...] andere Leute können ihre Geschichte wieder neu hineinlegen, aber die Geschichte meines Vaters war darin zu Ende, in den Dingen hielt sie sich nicht mehr«.[58] Erben ist ein Vorgang, der tausendfach Entscheidungsprozesse zwischen Behalten, Verschenken, Verkaufen und Wegschmeißen erfordert und dabei die Dinge in neue affektive Räume und Beleuchtungen stellt – wenn diese Prozedur des Bewertens und Aussortierens denn überhaupt gelingt: »Das mit solchen Aufgaben befasste überlebende Subjekt, das meist selbst in Prozesse der Trauerarbeit verstrickt ist, kommt nicht selten in Entscheidungsnöte, für die es keine Lösung gibt und an deren Ende die Aktionen der Haushaltsauflösung und Entrümpler stehen.«[59]

So auch in Arnold Geigers Roman *Es geht uns gut* (2005). Von vorherein ist das Leben Philipps, des noch jungen Protagonisten, durch »familiäre Unambitioniertheit« geprägt, und so ist ihm die ererbte Villa seiner Großeltern vor allem ein Ballast, den es zu entsorgen gilt – das häusliche Refugium fungiert als der materielle Raum für die Familiengeschichte, mit der er sich keinesfalls herumschlagen will. Auch möchte er keine Gegenstände übernehmen, als fürchte er insgeheim, die Dinge könnten ihn mit Vergangenheiten beladen und ihn wie die aufmontierte Kanonenkugel am Treppengeländer wieder zurückschießen – zwar nicht zu den Türken, wie seine Großmutter ihm als Kind drohte, aber doch hinein in eine Familiengeschichte, die ihm rätselhaft ist. Geradezu programmatisch versammelt er eingangs die Großeltern, Eltern und sich selbst auf einem imaginierten Klassenfoto und referiert die Biographien aller in Kurzform, bis er zu sich selbst kommt: »Aber was soll ich über mich sagen, nachdem ich über all die andern nachgedacht habe und dabei nicht glücklicher geworden bin.«[60] Erben schafft nicht unbedingt Zusammenhänge, und so heuert er zwei osteuropäische Helfer an, die an seiner statt ausmisten und mit den teils wertvollen Gütern ihre Geschäfte machen – mit Philipps vollem Einverständnis.

Philipps Ratlosigkeit ist in Angelika Meiers skurril-phantastischem Roman *Die Auflösung des Hauses Decker* (2021) schon zur Paralyse ausgewachsen, denn eigentlich war Odra Decker nur kurz aus Berlin angereist, um den Nachlass ihres Vaters zu ordnen und die Villa zu verkaufen, doch dann vergingen anderthalb Jahre, ohne dass sie die Aufgabe bewältigen konnte (wen wundert's, wenn Kafkas Odradek in ihrem Namen steckt …). Also engagiert sie einen Helfer mit dem wohlklingenden Namen Josef von Házy, der alles regeln soll. Dieser bezieht Quartier im Haus und fühlt sich sehr wohl zwischen all den Erbsachen – Regalmeter voller vergilbter Bücher, verqualmte Gardinen und afrikanische Plastiken –, die der Tote, ein Professor für Kunstgeschichte, angehäuft hat. In Meiers Roman zeigt sich die enge und beängstigende Verwobenheit von Dingen, Leben und Ich-Konstitution, die sich im Zeichen des Todes zu Geisterwelten transformieren. Denn das väterliche Haus ist zu einem organischen Ganzen geworden, das nicht einfach aufgelöst werden kann. Beispielsweise liegen Bücher am Boden, da es dem alten Professor zu anstrengend wurde, sie ins Regal zurückzustellen, »doch versuchte man, sie wieder aufzurichten, musste man feststellen, es ging nicht mehr, die Rücken blieben krumm und vom verbuckelten Rückgrat aus hatte sich das ganze Innere verwachsen. Zu allem Übel hatte es manch einem dieser Bücher in der auf die Erschlaffung folgenden Verdrehung am nötigen Abstand zur Wand fehlen lassen, bis sich mit der Zeit Papier und Putz in innigem Schimmel verbunden hatten.«[61] Während die Papierhaufen mit dem Haus einen neuen organischen Raum bilden, der durch das Nichtzurückstellenkönnen der Bücher auch die Inschrift eines alten, hinfälligen, vielleicht auch krummen Körpers trägt und diesen auch den Büchern eingeprägt hat, geben andere Stellen in der Villa den Blick frei auf den Zusammenbruch aller Dinge – und damit den Tod jedes Menschen: »So ähnlich hatte ich noch kurz zuvor beim Wäscheaufhängen im Keller zerstreut zur Seite blickend bemerkt, dass aus dem Mauerwerk ein paar Steine herausgebrochen waren. Beim Nähertreten bemerkte ich, es war ein riesiges Loch. Ich starrte ins graubraune, sich im

Dunkeln verlierende Erdreich hinein und begriff nicht, wie es sein konnte, dass ich dieses Loch und die teilnahmslos darunter am Boden liegenden Ziegelsteine nie zuvor bemerkt hatte. Überall im Haus gab es solche Stellen, von denen man sich schleunigst wegdrehen musste, als sähe man sie nicht, sonst konnte einen die Wahnvorstellung befallen, das Haus werde binnen weniger Wochen einstürzen und es sei hohe Zeit, sich in Sicherheit zu bringen.«[62]

Fluchtimpulse sind verständlich, stellt sich das Erben doch als eigentümliche Mischung aus Fremd- und Selbstbestimmung dar, die auf der – wie der Rechtsgelehrte Friedrich Carl von Savigny 1840 formulierte –, »Fiction« basiere, dass »der Verstorbene als über seinen Tod hinaus fortwirkend angesehen wird«.[63] Die juristisch legitimierte Macht des Toten, in das Leben der Hinterbliebenen hineinzuwirken und es mitzubestimmen, kann sich auf ungute Weise damit verbinden, dass Sigmund Freud zufolge der tote Vater ja sowieso mächtiger ist als der lebende, heißt: Seine Präsenz im Psychohaushalt wird stärker. Der Tote ist mitnichten einfach tot, ganz im Gegenteil etabliert sich im Vorgang des Erbens eine Tauschbeziehung zwischen den Lebenden und den Toten, wobei die Erbstücke als Semiophoren fungieren.

Semiophoren seien Gegenstände, die weit über ihren materiellen Wert hinauswirkten, so definiert es der Historiker Krzysztof Pomian für die Museumskultur. Ulrike Vedder wiederum stellt den Begriff in den Kontext des privaten Erbes. Werden im Museum Dinge zu Repräsentanten anderer Zeiten – die Ritterrüstung etwa als Zeichen mittelalterlicher Kampfkultur –, so findet diese Bedeutungsaufladung auch im privaten Erbvorgang statt, wobei die Semiophoren »zwischen dem Betrachter, der sie sieht, und dem Unsichtbaren, aus dem sie kommen«[64], vermitteln. Das kann durchaus den Verdacht nähren, die Dinge stünden im Dienste der Toten, transportierten *deren* Lebensgeschichte und verunmöglichten so die *eigenen* Lebensentwürfe oder stünden ihnen zumindest im Wege. Nicht nur Philipp bringt sich am Ende von *Es geht uns gut* angesichts des lastenden Erbes in Sicherheit – auf dem Dachfirst des leergeräumten Hauses sitzend, schaut er in den »weitläufigen Parcours«, die Welt, in die er nun reisen wird – auch Odra Decker verlässt schlussendlich die Spukvilla, ohne aber an einem festen Ort in der weiten Welt anzukommen.

Die Literatur ist nicht nur voll von »Erbsachen« (Ulrike Vedder), sie ist selbst eine einzige große Erbsache, und entsprechende Sachkenntnis darf man erwarten. Daher kann kaum erstaunen, dass in den Darstellungen des Vererbens und Erbens »Verlebendigung und Mortifizierung von Erbstücken ebenso eine Rolle (spielen) wie deren Aneignung oder Verwerfung«[65]. Doch was so einfach scheinen könnte – Aneignung bedeutet, die Dinge zu verlebendigen und Verwerfung, sie zu mortifizieren –, ist es mitnichten. Denn könnte es nicht sein, dass die *Dinge* des Toten sich verlebendigen, *indem* sie den Erben mortifizieren, der damit zum Gespenst des Erblassers wird? Denn Familiengeschichte(n), Status und Prestige oder eben deren Fehlen, Einstellungen und Attitüden, all das klebt und lebt förmlich an und mit den Dingen. Bei jeder noch so kleinen Erbschaft stellt sich die Frage: Will man das *wirklich* haben? *Und weiß man denn wirklich so genau, was man da erbt?* Es sind gerade die Spukgeschichten, die verdeutlichen, dass mit den Dingen sehr viel mehr einhergeht als reine Materialität und bezifferbarer Wert. In der Erbschaft kreuzen Leben und Tod die Klingen, und die Dinge stellen die Frage: *Which side are you on?*

Lesen

In einem anderen Sinne stellt sich diese Frage auch beim Wegwerfen von Büchern, das sich als ethisch heikler Akt erweist: »Und was machst Du mit alten Büchern?« Eigentlich meint diese Frage: Bist du Faschist? Bücherwegwerfen kam in Deutschland lange direkt nach Bücherverbrennen. Aber auch damit hat Marie Kondo aufgeräumt. Wie auch sonst empfiehlt sie angesichts überbordender Regale und vollgestellter Fußbodenflächen die bewährte Methode: die Frage nach der Freude. Nimm das Buch in die Hand und frage Dich: Bereitet es Dir Freude? Möglicherweise lässt sich dies bei gelesenen Büchern noch halbwegs beantworten, doch es gibt auch die ungelesenen und halbgelesenen Bücher, die in den Regalen herumstehen. Kondos Lösung: Auch diese können weg. Denn der Wille, sie zu lesen, sei im Moment des Kaufens vorhanden gewesen, aber man habe es dann eben doch nicht getan. Deshalb »war es die Aufgabe dieses Buches, Ihnen zu zeigen, dass Sie es gar nicht zu lesen brauchen«. Auch angefangene Bücher brauche man nicht weiterzulesen, denn ihre »Aufgabe war es, zur Hälfte gelesen zu werden«.[66] Das ist – zumindest aus literaturwissenschaftlicher Perspektive – eine, sagen wir, herausfordernde Sicht. Weniger, weil die Bücher hier anthropomorphisiert werden zu Lebewesen, sondern weil sie Aufgaben bekommen – und diese Aufgaben zufällig genau das Leseverhalten ihrer (Nicht-)Nutzer:innen reflektieren. Hmmm.

Doch das Verhältnis von Mensch und Buch ist komplexer, als Marie Kondo es erscheinen lässt, denn es ist genau besehen das Verhältnis von Mensch und Buch und *Text*. Das Buch ist ›nur‹ der materielle Träger des Textes, der selbst zwar dem Motto »Das Schwarze sind die Buchstaben« folgt, sich aber nicht darauf reduzieren lässt. Es gibt natürlich Bücher, die vorrangig Bilderbuchcharakter haben – die notorischen *Coffee Table Books* – und weniger zum Lesen als zum Anschauen von Bildern animieren, aber im Großen und Ganzen müssen die schwarzen Buchstaben doch durch die Lesenden ›beseelt‹, also mit Imaginationen und Phantasien aufgeladen werden. Etwas nüchterner formuliert es die kognitive Linguistik, die einen Text nicht als Träger von Bedeutungen, sondern als Auslöser für mentale Konstruktionsprozesse sieht, die sowohl von der Textinformation als auch vom internen Vorwissen bestimmt werden. So entstehe eine gedankliche Repräsentation des beschriebenen Sachverhalts, die subjektiv als ›Erfassen der Textbedeutung‹ erlebt werde.[67]

Wolfgang Schnotz bringt folgendes Beispiel: »Anna war zu Peters Geburtstag eingeladen. Sie fragte sich, ob er schon ein Mühlespiel hatte. Sie ging in ihr Zimmer und schüttelte ihr Sparschwein. Aber es gab keinen Ton von sich.« Schnotz erläutert: »Bereits Kinder am Ende der Grundschulzeit verstehen diesen kurzen Text problemlos. Sie wissen, dass Anna daran denkt, Peter ein Mühlespiel zum Geburtstag zu schenken. Sie wissen, dass Anna noch kein Mühlespiel hat und deshalb eines kaufen müsste. Sie wissen, warum Anna ihr Sparschwein schüttelt. Sie wissen, was das ›Schweigen‹

des Sparschweins bedeutet: Anna hat kein Geld und deshalb das Problem, vielleicht nicht zu Peters Geburtstagsparty gehen zu können. All das wird beim Verstehen dieses Texts automatisch mitgedacht. Das Bemerkenswerte daran ist, dass nichts hiervon tatsächlich im Text steht. Es handelt sich um Inferenzen, die der Leser aufgrund seines Vorwissens über Geburtstagskonventionen, über das Kaufen und seine Bedingungen sowie über die Aufbewahrung von Geld selbständig hinzufügt.«[68] In diesem einfachen Beispiel funktioniert das Selbstimaginierte noch im Sinne der Autorintention, doch Leseprozesse können sehr weitläufig sein und auch gegen das von der Autorin vielleicht Gewünschte ausfallen. Wer jemals in einer Literaturgruppe über ein Werk diskutierte, weiß, wie unterschiedlich die Geschichten sind, die im gleichen Buch stehen – gelegentlich meint man, man habe verschiedene Titel gelesen.

Dies ist die Seite der Rezipient:innen, über die sich naturgemäß noch viel sagen ließe, etwa über den berühmten ›impliziten Leser‹, der Wirkungsästhetikern wie Wolfgang Iser und Hans Robert Jauß zufolge bereits von den Autor:innen in den Text ›eingebaut‹ wird. Doch reicht das Tun und Treiben der Schriftsteller:innen noch weiter und erreicht seelische (Un-)Tiefen, die ins Magische, Religiöse, Gespenstische wirken (suchen Sie sich etwas nach Präferenz aus). Es findet nichts weniger als eine Seelenwanderung statt – so imaginierten es zumindest Philosophen und Autoren im 18. und frühen 19. Jahrhundert. So konstatierte Johann Gottfried Herder in seiner Vorlesung *Über die menschliche Unsterblichkeit* (1791): »Wir glauben allein zu sein und sind's nie: wir sind mit uns selbst nicht allein; die Geister andrer […] wirken in uns.«[69] Der Romantiker

Friedrich Schlegel wiederum folgte der Tradition des Pauluswortes »Denn der Buchstabe tötet, aber der Geist macht lebendig« (2 Kor 3,6) in seinen *Philosophischen Fragmenten* (1800) und verstand das Lesen als Verlebendigung: »Buchstabe ist fixirter Geist. Lesen heißt, gebundnen Geist freimachen, also eine magische Handlung.«[70]

Auch wenn Marie Kondo einen leichten Ausweg bietet: Die nur halbgelesenen Bücher wirken wie ein Scheitern der Interaktion von Autor:in und Leser:in. Mit den besten Absichten im Text getroffen und trotzdem hat's nicht gefunkt. Kondo feudelt hier vielleicht doch etwas zu oberflächlich durch, *denn welcher Raum wird hier eigentlich wovon gereinigt?* Lesend begeben wir uns in eine ähnlich undurchsichtige Psychosphäre wie im Prozess des Erbens: Der im Buch fixierte ›Geist‹ wird von uns reanimiert – und für einen kleinen oder auch längeren Zeitraum, je nachdem, welche Wurzeln er schlägt, zu unseren eigenen Phantasien und Imaginationen. »Die schönste Metempsychose ist die, wenn wir uns im andern wieder auftreten sehn«,[71] so beschrieb Johann Wolfgang Goethe das befriedigende Gefühl, als Autor eine Seelenwanderung initiieren und sich via Buch in den Leser:innen verewigen zu können. Das unschöne Gefühl, das sich einstellen kann, wenn man ein Buch halbgelesen aufgibt, mag also daher rühren, dass keine substantielle Reanimation stattgefunden hat und die aufgeweckten Geister stattdessen als halbtote Gespenster in unserer Seele herumschlurfen.

Lesen und Erben spannen imaginäre Räume auf, in denen es zu einem intensiven Austausch mit Abwesenden und Toten kommt. Dinge spielen dabei eine zentrale Rolle, als Tauschobjekte und/oder Medien verbinden sie beide Sphären. Bei diesen Prozessen handelt es sich um die Spitze des Eisbergs, denn Dinge erweisen sich als grundsätzlich und auch im Alltag auf den Tod bezogen: Das Altern und Verschleißen der Gegenstände erinnert ungut an eigene Verfallsprozesse; welche imaginären Ängste schon Hausmüll lostreten kann, zeigte Calvinos Erzählung. Permanent gilt es sich abzugrenzen von dem, was nicht mehr gebraucht wird und entsorgt werden muss. Man selbst möchte lieber weiterleben, eigentlich für immer (oder jedenfalls noch richtig lange).

Diesem Wunsch nach Unsterblichkeit entspricht die westliche Kultur durch die Etablierung einer exklusiven ›höheren‹ Sphäre, die der ›niederen‹ des Konsums gegenübergestellt wird. Dort gelten eigene Regeln: In Kirchen, Museen, Archiven und Sammlungen werden aus Gegenständen geborgene Dinge. Dem Kreislauf aus (Ver-)Nutzung und Abfall entzogen, durchlaufen sie eine Metamorphose und werden an heiligen, sakralen Orten bewahrt und präsentiert. Sie werden »stillgestellt und verwandeln sich zu besonderen Objekten, denen man sich von nun an mit geöffneten Augen und im respektvollen Abstand nähert«.[72] Während Alter, Abnutzung, Defekte und Entsorgung die Warenwelt regieren, setzen die in Kunsträumen und sakralen Bauten präsentierten Dinge Solidität, Unversehrtheit, Ewigkeit in Szene. Damit werden sie zu Garanten gegen den Verfall, erklärt Hartmut Böhme: »Die stillgestellten, unveräußerlichen Dinge können nicht enttäuschen. Sie sind. Sie bleiben.«[73] (So wie wir es auch gerne würden – und deshalb im Privaten eine Sphäre der Stillstellung reproduzieren: Es glänzen Pokale, Dokumente und Urkunden – unsere persönliche, unsterbliche Hall of Fame –, ergänzt um Dekorationen, die als nichtsnutzige Luxusgeschöpfe gewissermaßen den unsterblichen Adel unter den Alltagsgegenständen bilden.)

Als Michel de Montaigne im 16. Jahrhundert fragte, wie man im Bewusstsein, dass das »Ziel unserer Laufbahn« der Tod sei, auch nur »einen Schritt ohne Schaudern nach vorne tun«[74] könne, kannte er die moderne Lösung – wir gehen, indem wir Dinge für uns stillstellen – naturgemäß nicht. Sein Ausweg: Statt den Tod zu verdrängen, um dann, taucht er unversehens doch auf, in Jammer, Wut und Verzweiflung zu verfallen, solle man sich beizeiten auf ihn gefasst machen und ihm seine stärkste Trumpfkarte entwenden: »Berauben wir ihn seiner Unheimlichkeit, pflegen wir Umgang mit ihm, gewöhnen wir uns an ihn, bedenken wir nichts so oft wie ihn! Stellen wir ihn jeden Augenblick und in jeder Gestalt vor unser innres Auge. Fragen wir uns beim Stolpern eines Pferds, bei einem herabstürzenden Ziegel, beim geringsten Nadelstich immer wieder sogleich: ›Wie, könnte das nicht der Tod persönlich sein?‹«[75]

Denkt man auf Anraten Montaignes den Tod nicht als ein fernes Ereignis, sondern als allgegenwärtige Präsenz – »Es ist ungewiß, wo der Tod uns erwartet – erwarten wir ihn überall«[76] –, so muss man ihn *präsent halten*. Dazu braucht es, seinem Beispiel folgend, nicht zuletzt wieder einmal Dinge, die von ihm künden: einen Ziegelstein etwa, der uns hätte töten können.

Wie Michel de Montaigne rät auch das *Tibetische Totenbuch*, den Tod bereits im Leben in den Mittelpunkt der eigenen Gedanken zu stellen, denn, so der Dalai Lama, er komme unweigerlich. Man könne ihn entweder ignorieren oder sich dieser Tatsache stellen und das Leiden im Moment des Todes vermindern. Wie könnte dies aussehen? Und muss es notwendig ein dunkler, morbider, trauriger Raum sein – auf Du und Du mit dem Sensenmann? Vielleicht helfen auch hier die Dinge weiter. Statt zu philosophieren und zu meditieren, könnte man auch aufräumen (und dann je nach Bedarf zusätzlich philosophieren und meditieren). Dabei müsste dem äußeren Hausputz eine innere Haltung entsprechen. Statt die Dinge starr aufzuteilen in die leichtlebigen, vernutzbaren, letztlich wertlosen Waren des Konsums und in die stillgestellten Dinge, die in sakralen Räumen vor sich hin strahlen, ließe sich der alltägliche Umgang mit ihnen als ein Übergangsritual in zwei Richtungen denken: Indem wir Dinge behalten, konstituieren wir uns, indem wir uns von Dingen trennen, üben wir das Verabschieden. Hier erweist sich Montaigne als Vordenker, indem er das Sterbenlernen als Loslassen interpretiert: »Ich löse mich von allem, mein Abschied von jedermann ist schon halb genommen, außer von mir selbst.«[77] Eine Geste des Abschieds, die sich alltäglich beim Ausmisten einüben lässt.

IV Die Dinge am Ende des Lebens

Wir verlassen das Leben nicht ohne Dinge, die uns begleiten: Niemand wird hierzulande wohl nackt beerdigt, im Gegensatz zum öffentlichen Raum herrscht im Sarg Bekleidungspflicht. Selbst der Versuch Kaiser Josephs II. (1741–1790), die Toten nackt in Leinensäcken eingenäht mittels Klappsarg in Massengräbern zu bestatten, damit sich die Bevölkerung nicht mit pompösen Beerdigungen verschuldete, schlug fehl: Er provozierte den bürgerkriegsähnlichen ›Sargkrieg‹ und wurde nach nur sechs Monaten aufgegeben. Eigentlich seltsam, denn wenn wir, wie es im christlichen Verständnis heißt, von Erde genommen sind, um wieder zu Erde zu werden, so wäre bei dieser ›Rückkehr‹ in den Urzustand Kleidung nur im Wege. (Als müsste immer erst noch ein Stück Kultur abgetragen werden, bevor man sich der Natur aussetzen kann. Vielleicht ist das aber auch logisch: Folgt man Jacques Derrida, dem zufolge Kultur immer eine Kultur des Todes ist, weil sie auf Ahnenverehrung und Bestattungsriten basiere, dann können wir nicht nackt, als ›Naturwesen‹, beerdigt werden.)

Wenn Dinge uns ins Leben helfen, dann helfen sie uns vielleicht auch wieder hinaus. So besehen ist der Charonspfennig, die Münze, die in der griechischen Antike als Obolus an den Fährmann Charon zu entrichten war, damit er die Toten über den Styx in das Totenreich des Hades fuhr, vielleicht mehr als nur eine Bezahlung, die dem Verstorbenen vor seiner Bestattung auf die Augen oder unter die Zunge gelegt wird. Bis an die Schwelle zum Totenreich wurde etwas, ein Objekt, ein Ding, mitgeführt, konnte die Passage anscheinend nicht ohne gelingen.

In alten Kulturen waren Grabbeigaben gang und gäbe – die Pharaonen im alten Ägypten reisten zum Beispiel reich ausgestattet ins Jenseits; einmal dort angekommen, standen ihnen sogleich Gegenstände zur Verfügung. Und auch hier und heute werden Verstorbenen Dinge ins Grab gelegt: Sachen, von denen man annimmt oder weiß, dass der oder die Tote sie gernhatte. Manchmal, so berichten Bestatter:innen, werden auch Gegenstände in die letzte Ruhestätte gelegt, die dazu dienen sollen, dass es jemandem im nächsten Leben besser geht – eine bescheidene Person bekommt einen ganz großen Suppenlöffel – oder damit sie gleich so weitermachen kann wie bisher: Auch ein Sudoku-Heft kann eine Grabbeigabe sein.[78]

Der Ursprung der Grabbeigaben ist ein Tauschhandel, denn in vielen Kulturen wurden die Gegenstände den Toten nicht nur mitgegeben, damit sie es im Jenseits bequem hatten, sondern auch, damit sie sich (dann freundlich gestimmt) wiederum um das Wohlergehen der Lebenden kümmern würden. Mit dieser Jenseitsökonomie ist es in der Moderne natürlich auch vorbei, vor allem aber gehört der tote Körper nun selbst zu den unbelebten Sachen: »Die moderne, naturwissenschaftliche Medizin hat die Leiche zu einem Ding gemacht, zu einer biologischen Tatsache, die keines metaphysischen Diskurses mehr bedarf.«[79]

Verhandlungen

Die These dieses Textes ist: Verhandlungen darüber, wer wir sind, ob wir zu den Toten oder den Lebenden zählen, werden anhand der Dinge geführt – wer als Leiche ins

Reich der Dinge eingemeindet wird, ist offenkundig mausetot. Andererseits scheinen doch gerade Gegenstände gegen das Sterbenmüssen gefeit zu sein, so wir sie nicht aktiv zerstören. In Kafkas *Die Sorge des Hausvaters* fragt sich selbiger, ob Odradek, dieses an eine flache sternartige Zwirnspule mit Querstäbchen erinnernde Ding, überhaupt je dahinscheiden wird. Er hält es für möglich, dass dieses Wesen »noch vor den Füßen meiner Kinder und Kindeskinder [...] die Treppe hinunterkollern« könnte, und diese »Vorstellung, daß er mich auch noch überleben sollte, ist mir eine fast schmerzliche«.[80] Genau in dieser Überlebensfähigkeit gegenüber der menschlichen Todgeweihtheit wurzelt Hartmut Böhme zufolge der Wunsch, selbst ein Ding zu werden: »Denn nur, solange wir stofflich sind und mithin irgendwie zum Reiche der Dinge gehören, dürfen wir sagen: Wir leben. [...] Denn nicht der Geist ist ewig (als reiner Geist ist er nichts als spurloses Flattern im All), sondern das Dingliche der Dinge. Vielleicht, dass unsere Sehnsucht, unsere Gier, unser Verlangen nach den Dingen nichts anderes ist als der Versuch, den Tod abzuhalten. Wir sterben, aber in den Dingen leben wir.«[81]

Wenn das Dingliche der Dinge uns also unserer Unsterblichkeit versichert bzw. eine solche suggeriert, so müssen wir sie logischerweise loslassen, um dem Tod ins Gesicht zu sehen. Dies kann man, glaubt man den Schwed:innen, offenbar üben, denn sie verfügen mit *Döstädning* über die Tradition, »dass man Dinge ausrangiert, die man nicht mehr braucht, und seine Wohnung angenehm und ordentlich gestaltet, wenn man spürt, dass der Zeitpunkt näher rückt, da man diese Welt verlassen muss«.[82] (Oder es endet so, wie Margrit Schreiner angesichts einer mit Dingen überfüllten

Welt vermutet: »Wahrscheinlich ist der Sinn des Todes, endlich Platz zu machen.«[83]) Dieser Prozess, so versichert Margareta Magnusson, sei ganz und gar nicht traurig oder beklemmend, sondern befreiend. Sie rät auch dazu, ältere Menschen zu ermuntern, ihn bewusst und gut gestimmt anzugehen. Was hier im Wort *Döstädning* zusammengefasst wird – *Dö* heißt ›Tod‹ und *Städning* ›Aufräumen oder Reinemachen‹ –, beschreibt also eine Perspektive aus dem Leben heraus in die Zone des Todes. Sehr explizit benennt die schwedische Sprache hier, was generell geschieht, wenn wir Dinge loslassen und uns von ihnen trennen.

Loslassen

An die Stelle der triumphalen Geste, den Abfall in den Orkus versenkt zu haben und dabei zum Überlebenden geworden zu sein, könnte die Trennung von Dingen als Vorbereitung auf den Prozess des Sterbens treten: loslassen üben im Guten. Sehr häufig berichten Menschen, dass Sterbende erst dann ›gehen können‹, wenn niemand mehr im Raum ist. Vielleicht ist der Raum des Sterbens ein Bardo, ein Zwischenzustand, wie ihn George Saunders in seinem unvergleichlichen Roman *Lincoln im Bardo* (2018) beschrieben hat: ein Space, in dem die eigentlich schon Toten herumirren, da sie nicht loslassen können und/oder nicht losgelassen werden.

Ein prominenter Mechanismus, der dieses Loslassen verhindern oder erschweren kann, ist die Apparatemedizin in Kliniken und Krankenhäusern, die nicht selten eine ›Übertherapie am Lebensende‹ bedeutet. Hier begegnen, überkreuzen und verstärken sich die Wünsche von Angehörigen, den geliebten Menschen bei sich zu behalten, mit der ärztlichen Ethik, den Tod verhindern zu wollen und dem für Kliniken lukrativen Bemühen, den Sterbenden nicht sterben zu lassen. Im Resultat ersetzen dann Geräte die Funktionen, die der Körper nicht mehr zu leisten imstande ist, und so leben und wesen in diesem Raum im eigentlichen Sinne Hybride – ein Medizin-Bardo, in dem Menschen und Maschinen, Sterbende und Dinge eine ganz eigene Verbindung eingehen.

Indes: »Die Medizin lässt los. Sie lässt sterben, wo sie Leben nur künstlich verlängert«,[84] fasst Christian Schüle neue Tendenzen zusammen. Loslassen, verabschieden, sich trennen und lösen, schlussendlich in zwei unterschiedliche Richtungen gehen, all das passiert in diesem Raum des Sterbens, den die Lebenden und die Baldschontoten noch teilen – so viel kann einigermaßen gefahrlos behauptet werden. Alles Weitere ist Spekulation. In meinem Bild des Bardo, das ich von Saunders übernehme (der es wiederum aus dem tibetischen Buddhismus hat), ist der mit Sterbenden geteilte Raum eine Heterotopie – ein Ort, der zwar auf dieser Welt und doch nicht von dieser Welt ist.

Letzte Dinge

Damit wäre man im Bereich der Letzten Dinge angekommen, in dem der Ding-Begriff seine stofflich-materiale Basis verlässt und sich in immaterielle Sphären transzendiert. Doch was sind Dinge überhaupt? In diesem Essay wurden sie als lebendig und tot, als Freunde und Fremde, als abjekter Müll und uns überlegene Überlebende, als fetischistische Konsumgüter und auratisch Stillgestellte beschrieben. Der Versuch, »dieses schillernde und schwer zu greifende Wort *Ding*« auf eine bestimmte Bedeutung festzulegen, stößt seit je an seine Grenzen, fasst die Mediävistin Elisabeth Karg-Gasterstädt ihre sprachgeschichtliche Studie zusammen.[85] Was also ist ein Ding?

Ursprünglich geht der Begriff auf das germanische *Thing/Ting* zurück, das die Versammlungsdauer einer Volks- und Gerichtsversammlung bezeichnete. Dem Wort ist also anfangs eine räumliche und eine zeitliche Dimension inhärent. In seiner langen (Sprach-)Geschichte wurde es zwar zum ›Ding‹ verdinglicht, doch ist es weiterhin schwer zu fassen, voller Facetten und, wie gesehen, auch Widersprüche. Allenfalls als Minimaldefinition gelte, dass es sich in der Regel um ein »einzelnes, stofflich kompaktes, abgegrenztes, an raumzeitlichen ›Stellen‹ lokalisierbares Objekt«[86] handelt. Greift man auf vormoderne Vorstellungen zurück, so ist der Bedeutungshorizont weitaus fluider. Erst seit der Aufklärung werden Dinge als materiell abgegrenzte, fest verortbare, handliche Einheiten verstanden: »Zuvor wurde ›Ding‹ meist in einer deutlich weiteren Bedeutung benutzt, im Sinne von Sachverhalte oder komplexer Erscheinung, in der Eschatologie war von ›letzten Dingen‹ die Rede.«[87]

Mit den Letzten Dingen sind die Handlungen und Zeiträume gemeint, in denen sich im christlichen Verständnis des Mittelalters und der Frühen Neuzeit Sterblichkeit und Endlichkeit realisieren. Die Bezeichnung umfasste mit unterschiedlicher Gewichtung und Ausprägung individuelle Zeiträume wie den Tod des Einzelnen, sein Urteil im Angesicht Gottes, aber auch heilsgeschichtliche wie die im Kollektiv der Menschheit stattfindende Auferstehung des Fleisches und Vorgänge, die sich am Ende aller Zeiten vollziehen und sich als Aufhebung der Zeit in gar kein Zeitregime fügen. Allerdings ging der Bezug zu diesen eschatologischen Glaubensinhalten seit dem 19. Jahrhundert zunehmend verloren, und Theolog:innen müssen konstatieren, dass die meisten Christ:innen in Deutschland und anderen westlichen Ländern mit Ausnahme der USA »einfach *gar nichts* (Christliches) mehr« glauben, was diese Fragen angeht: Falls überhaupt noch irgendwer in Mitteleuropa an ein Weiterleben nach dem Tode glaube, dann herrsche »eine westliche Version des östlichen Reinkarnationsglaubens« vor – und dies gilt auch für die Gläubigen der Großkirchen.[88] So erstaunt es kaum, dass selbst katholische Onlineportale unter dem Stichwort ›Letzte Dinge‹ nur dazu aufrufen, Angelegenheiten wie Sorgerechts- und Patientenverfügungen oder Erbschaftsangelegenheiten zu Lebzeiten zu regeln – Himmel, Hölle, Fegefeuer: Fehlanzeige.

Bevor die Letzten Dinge im Gegensatz zu den handfest-materiellen Gegenständen also zunehmend aus dem Blick gerieten, gehörten sie in der Vormoderne als *res* noch eng zusammen, wie es paradigmatisch das von Johann Amos Comenius verfasste Lehrwerk *Orbis Pictus* (1658) erläutert, das im 18. Jahrhundert zum europaweit eingesetzten Schulbuch avancierte. Auf mehr als 300 Seiten bildet es die Welt anhand der Dinge ab und erklärt deren Bedeutungen kindgerecht. Es umfasst alles, nichts ist zu klein, nichts ist zu groß: Ausgehend von Gott, dem Schöpfer aller Dinge und selbst »das allervollkommenste und allerseeligste Seyn (Ding)«, über den Kosmos, die Sterne, Menschen verschiedener Kontinente und Kulturen, Flora und Fauna, Berufe, Gegenstände und politische Konstellationen usw. wird die Welt vorgestellt, die folgerichtig mit den »letzten Vier« – Tod, Gericht, Himmel und Hölle – endet.[89]

Hier findet sich der Mensch eingewoben in einen Kosmos materieller und immaterieller Dinge, die – als bedeutungstragende auf ihn bezogen – im eigentlichen Sinne *Objekte* sind. Erst mit der Auflösung dieser göttlich garantierten Ordnung werden sie in der Moderne zu toten Dingen erklärt. Und doch beleben und beseelen wir sie weiterhin. Einen Objektbezug zu den Dingen zu haben, meint heute deshalb keine äußerlich bereits etablierte, sondern eine selbstgeschaffene innere Verbindung, eine *Verlebendigung*, die nicht mehr religiös fundiert, aber auch nicht in warenförmigen Fetischen verstrickt sein muss. Die Dankbarkeit, die Marie Kondo im Ritual der Verabschiedung von Gegenständen ausdrückt, könnte bereits zu Anfang eine Objektbeziehung zu den Dingen begründen – als Wertschätzung und freundliche Zugewandtheit, wie wir sie Geschenken gegenüber oft walten lassen. Diese erlangen, so der Ethnologe Marcel Mauss, ihre besondere Wirkmächtigkeit, weil sich der Gebende mit der Gabe selbst einbringt und der Gegenstand dadurch beseelt wird – auch hier ist der Objektbezug quasi vorinstalliert. Letztlich ist es aber unerheblich, ob wir selbst eine Objektbeziehung etablieren oder diese sich als Gabe in der Gabe versteckt. Sich von Dingen zu trennen, bedeutet in diesem Sinne, von etwas Lebendigem oder Beseeltem Abschied zu nehmen und damit schon etwas Übung für später: In jedem Ding steckt ein letztes Ding.

Die Moderne trennt indes nicht nur streng zwischen toten Dingen und lebenden Menschen, sondern auch kategorisch zwischen Tod und Leben überhaupt: »Seit der Tod nicht mehr als Jenseits-Passage firmiert, wie noch in der Vormoderne, sondern als Grenze, gilt diese Grenze als absolut. Ihre Festigkeit verhält sich proportional zur ›Wucht der Entscheidung [...], der Tod sei das absolute Ende‹.«[90] So wie der Begriff des Dings im Lauf der Geschichte seine zeitliche Dimension verlor, machte auch die Vorstellung, dass der Tod eine zeitlich gestreckte *Passage* sei, einer fest definierbaren Trennlinie Platz. Im Wortsinn auf der Strecke geblieben sind Zwischenräume, Verbindungen und Transformationen, alles Undefinierte, Prozesshafte, das, was man nicht dingfest machen kann – und der Verstorbene als Halbtoter, der, solange über ihn noch kein endgültiges Gericht abgehalten war, so Philipp Ariès poetisch, »in seinem Schatten überlebte« und ›wiederkehren‹ konnte, um Gebete und Fürbitten einzufordern.[91]

Die Grenze zwischen Leben und Tod ist indes keine natürlich gegebene, sondern vielmehr ein gesetzter Schnitt, der immer wieder neu verhandelt werden muss (und auch das Hirntodparadigma, das so felsenfest schien, ist im Zuge neuerer Bildgebungsverfahren und vom Transplantationsdruck aufoktroyierter Definitionsfragen schon wieder zweifelhaft geworden).

Unzweifelhaft aber, stellt der Philosoph Dieter Birnbacher fest, findet »mit Eintritt des Todes der tiefgreifendste uns aus der lebendigen Natur bekannte Kategorienwechsel statt, ein radikaler ontologischer Absturz über zwei Stufen der Seinshierarchie hinweg: irreversibler Übergang von der Person zur Sache«.[92] Diese Zuordnung ist juristisch zwar umstritten, wird im Recht aber als irrelevant angesehen. Doch auch der allerstrengste Materialist wird einem Leichnam andere Qualitäten zugestehen müssen als, sagen wir, einer Teekanne. Pietätspflichten sorgen dafür, dass der Leichnam zwar eine Sache ist, aber nicht als solche behandelt wird. Diese gründen nicht – hier bleibt Birnbacher streng – in irgendwelchen Rechten der Leiche, sondern im Willen des Lebenden.

Die moderne Grenzziehung zwischen den Lebenden und den Toten ist weniger trennscharf, als es scheint. Vielleicht ist der Tod auch heute noch eine Passage, ein Prozess. Dann stellt sich die Frage: Worin genau unterscheiden sich Sterbende und Lebende und Tote? Aus Sicht der Organisationsbiologie, die weniger Leben und Tod einander entgegenstellt als vielmehr ineinander verschränkte Mechanismen des Lebendigen und Nichtlebendigen beschreibt, ist dies schwierig zu definieren: Nicht alle Zellen sterben zur gleichen Zeit, und der permanent ablaufende Zelltod ist genuiner Bestandteil des Lebendigen. Zudem stehen heute, im Zeitalter der festen Abgrenzung von Tod und Leben, gerade diese beiden Pole doch in einem seltsamen Mischverhältnis: »Lebendige Herzen oder Lebern oder Lungen können aus als tot geltenden Menschen herausoperiert und transplantiert werden, um das Leben schwerkranker Personen zu retten, die anders nicht überleben würden«.[93]

Historisch und kulturell unterscheiden sich die Vorstellungen, ab wann jemand als tot gilt, jedenfalls erheblich. Und ohne dass dies allzu explizit wird, unterscheiden sich auch die persönlichen Empfindungen, wann eine Person wirklich tot ist – oder ob sie nicht doch noch eine Weile irgendwie herumspukt, sei's als Energie, sei's als dunkler Schatten. Viele erleben, dass ortsabwesende Sterbende oder Tote zu ihnen kommen, um sich zu verabschieden.

Hier nun betritt man heikles Terrain: Bei Menschen, die einen geliebten Anderen beim Sterben begleiten, oder bei Trauernden wird allgemein akzeptiert, dass es zu solcherlei Wahrnehmungen kommt. Aber nach einer gewissen Weile teilt sich die Welt dann wieder in die, die an derlei Phänomene glauben, und die, die darob mit den Augen rollen.

Doch irgendwann bleiben die Trauernden alleine zurück und eine neue Situation tritt ein: Fast alle erben Dinge, die sie in Kisten, Koffer oder Kartons packen, um sie dann ›in Ruhe‹ zu Hause zu öffnen. Sie werden nie geöffnet (ich habe meine nicht geöffnet und stattdessen diesen Text geschrieben).[94] Wir wollen sie nicht haben, der richtige Moment ist verpasst (so es ihn je gab in diesem seltsamen Vorgang des Erbens). Nun sind es gespenstische Kisten, beladen mit Schmerz und Verlust, aber auch mit der ehemaligen Präsenz der Toten. *Diese* Kisten und Kartons zu öffnen, würde uns in einen unguten Kontakt mit den Verstorbenen bringen, als seien die darin verborgenen und geborgenen Dinge – dunkle Geschwister derjenigen, die einst den Weg in die Welt begleiteten – nun Übergangsobjekte in den Tod. *Wir* aber wollen auf den Seiten der Lebenden verweilen, wovon die allbekannte Lebensfreude nach einer Beerdigung zeugt. Nochmal davongekommen!

Aber auch dann ist die Geschichte mit den Dingen immer noch nicht zu Ende: Denn sollten wir endlich alles losgelassen und uns von allem getrennt und unser letztes Plätzchen unter der Erde gefunden haben, kommt garantiert jemand und wirft uns etwas hinterher.

Anmerkungen

Alle Websites wurden zuletzt am 1. 8. 2024 aufgerufen.

1 *Brigitte* 18 (2016).
2 *Brigitte* 9 (2017).
3 Werner Tiki Küstenmacher / Lothar J. Seiwert, *Simplify your life*, Frankfurt a. M. / New York 2001.
4 Ein Vorläufer: Eric Abrahamson / David H. Freedman, *Das perfekte Chaos. Warum unordentliche Menschen glücklicher und effizienter sind*, übers. von Christoph Bausum, Berlin 2007. (Original: *A Perfect Mess. The Hidden Benefits of Disorder. How Crammed Closets, Cluttered Offices, and On-The-Fly Planning Make the World a Better Place*, New York 2006.) Letztens: Oliver Herwig, »Aufräumen für eine reine Seele? Pf!«, in: *Süddeutsche Zeitung*, 11. 8. 2022.
5 Siegfried Preiser, »Aufräumen schafft kreative Unordnung« (28. 12. 2019), online: https://www.forschung-und-lehre.de/karriere/aufraeumen-schafft-kreative-unordnung-2392/.
6 *Brigitte* 6 (2023).
7 Silke Wawro, *Alles was ich habe. Installationen und Inszenierungen zur Bestandsaufnahme des persönlichen Besitzes*, Mainz 2019.
8 »Wegwerfware Kleidung. Repräsentative Greenpeace-Umfrage zu Kaufverhalten, Tragedauer und der Entsorgung von Mode«, online: https://www.greenpeace.de/sites/default/files/publications/20151123_greenpeace_modekonsum_flyer.pdf.
9 Neil MacGregor, *Eine Geschichte der Welt in 100 Objekten*, übers. von Waltraud Götting [u. a.], München 2013, S. 43.
10 Vgl. Stefan Laube, *Der Mensch und seine Dinge. Eine Geschichte der Zivilisation, erzählt von 50 Objekten*, München 2020, S. 29–31.
11 Georges Perec, *Die Dinge*, übers. von Eugen Helmlé, Bremen 2001, S. 85.
12 Mihály Csíkszentmihályi / Eugrene Rochberg-Halton, zit. nach: Insa Fooken, *Puppen – heimliche Menschenflüsterer. Ihre Wiederentdeckung als Spielzeug und Kulturgut*, Göttingen 2012, S. 24.
13 Saša Stanišić, *Herkunft*, München 2019, S. 10.

14 Dorothee Kimmich, *Lebendige Dinge in der Moderne*, Konstanz 2011, S. 12.

15 Dorothee Kimmich, »Lebendige Dinge bei Walter Benjamin und Robert Walser«, in: *Koreanische Zeitschrift für Germanistik* 50 (2009) S. 9–29, hier S. 10.

16 Franz Kafka, *Die Sorge des Hausvaters* [1919], in: ders., *Schriften, Tagebücher, Briefe. Kritische Ausgabe [Drucke zu Lebzeiten]*, hrsg. von Wolf Kittler, Hans-Gerd Koch und Gerhard Neumann, Frankfurt a. M. 1994, S. 282–284, hier S. 282 f.

17 Walter Benjamin, *Franz Kafka*, in: ders., *Gesammelte Schriften*, Bd. II/2, hrsg. von Rolf Tiedemann und Hermann Schweppenhäuser, Frankfurt a. M. 1977, S. 409–438, hier S. 431.

18 Bruno Latour, *Wir sind nie modern gewesen. Versuch einer symmetrischen Anthropologie*, übers. von Gustav Roßler, Frankfurt a. M. 2008, S. 8 f.

19 Hartmut Böhme, *Fetischismus und Kultur. Eine andere Theorie der Moderne*, Reinbek b. Hamburg 2006, S. 25.

20 Nora Marie Zaremba, »›Wer glücklich ist, kauft nicht‹« (22. 1. 2015), in: *Wirtschaftswoche*, online: https://www.wiwo.de/technologie/green/gehirnforschung-wer-gluecklich-ist-kauft-nicht/13551020.html.

21 Aida Bosch, »Identität und Dinge«, in: Stefanie Samida / Manfred K. H. Eggert / Hans Peter Hahn (Hrsg.), *Handbuch Materielle Kultur. Bedeutungen, Konzepte, Disziplinen*, Stuttgart 2014, S. 70–77, hier S. 71.

22 Insa Fooken, *Puppen – heimliche Menschenflüsterer. Ihre Wiederentdeckung als Spielzeug und Kulturgut*, Göttingen 2012, S. 49. Zum Verhältnis Mensch-Puppe folge ich den Ausführungen Fookens.

23 Friedrich Schiller, *Ueber die ästhetische Erziehung des Menschen*, in: ders. (Hrsg.), *Die Horen*, Bd. 1, 2. Stück, Tübingen 1795, S. 51–94, hier S. 88. [Sperrung im Original.].

24 Vgl. Fooken, *Puppen* (s. Anm. 22), S. 48.

25 Ebd.

26 Friedrich Theodor Vischer, *Auch Einer. Eine Reisebekanntschaft* [1879], Frankfurt a. M. 1987, S. 30.

27 Marlen Haushofer, *Die Mansarde. Roman* [1969], Frankfurt a. M. 1986, S. 177.
28 So Kimmichs Resümee, in: Kimmich, *Lebendige Dinge in der Moderne* (s. Anm. 14), S. 72.
29 Ebd., S. 11.
30 Haushofer, *Die Mansarde* (s. Anm. 27), S. 177.
31 Vgl. Elke Brüggen, »Die Rüstung des Anderen. Zu einem rekurrenten Motiv bei Wolfram von Eschenbach«, in: Anna Mühlherr / Heike Sahm / Monika Schausten / Bruno Quast (Hrsg.), *Dingkulturen. Objekte in Literatur, Kunst und Gesellschaft der Vormoderne*, Berlin/Boston 2016, S. 127–144, hier S. 132 [Literatur | Theorie | Geschichte, 9].
32 Kimmich, *Lebendige Dinge in der Moderne* (s. Anm. 14), S. 119.
33 Judith Dörrenbächer, »Beseelte Dinge. Design aus Perspektive des Animismus«, in: dies. / Kerstin Plüm (Hrsg.), *Beseelte Dinge. Design aus Perspektive des Animismus*, Bielefeld 2016, S. 9–24, hier S. 11.
34 Ebd.
35 Harald Martenstein: »Im Moment des Aussortierens gefallen sie mir plötzlich wieder«, in: *ZEITmagazin* 13 (2012).
36 Vgl. Margit Schreiner, *Kein Platz mehr. Roman*, Frankfurt a. M. 2018, S. 9.
37 Vgl. David-Christopher Assmann / Falko Schmieder / Jörg Schuster (Hrsg.), *Verwalten – Verwerten – Vernichten. Kulturpoetische Formationen des Abfalls seit 1930*, Berlin 2023.
38 Vincent van Gogh an Anthon G. A. Ritter van Rappard, zit. nach: Claudia Tittel, »Szenarien des Mülls. Von Schrott, Abfall und anderen symbolischen Ordnungen des Ausrangierten«, in: Christiane Lewe / Tim Othold / Nicolas Oxen (Hrsg.), *Müll. Interdisziplinäre Perspektiven auf das Übrig-Gebliebene*, Bielefeld 2016, S. 171–198, hier S. 185.
39 Vgl. Stefan Greif, »Vom Lob auf die Liederlichkeit. Müll und Gerümpel in der niederländischen Genremalerei des 17. Jahrhunderts«, in: Gisela Ecker / Martina Stange / Ulrike Vedder (Hrsg.): *Sammeln – Ausstellen – Wegwerfen*, Königstein i. Ts. 2001, S. 208–224.

40 Walter Benjamin, *Ein Außenseiter macht sich bemerkbar. Zu S. Kracauer, »Die Angestellten«* [1930], in: ders., Gesammelte Schriften, Bd. III: *Kritiken und Rezensionen*, hrsg. von Hella Tiedemann-Bartels, Frankfurt a. M. 1972, zit. nach: Barbara Thums, »Im Zweifel für die Reste. Lumpensammler und andere Archivisten der Moderne«, in: Sarah Schmidt (Hrsg.), *Sprachen des Sammelns. Literatur als Medium und Reflexionsform des Sammelns*, Paderborn 2016, S. 545–560, hier S. 546.

41 Günter Grass, *Die Rättin*, Göttingen 1986, S. 14.

42 Ursula Ott, *Etwas Besseres als den Tod findest du überall*, in: Shelagh Armit (Hrsg.), *Morgen räum ich auf*, Zürich 2020, S. 180–191, hier S. 187.

43 Ebd., S. 190 f.

44 Erik Porath, »Von der Vernunft des Sammelns zum Irrsinn des Wegwerfens«, in: Ecker/Stange/Vedder (Hrsg.), *Sammeln – Ausstellen – Wegwerfen* (s. Anm. 39), S. 272–280, hier S. 274.

45 Italo Calvino, *Die Mülltonne*, in: ders., *Die Mülltonne und andere Geschichten*, übers. von Burkhard Kroeber, München 1997, S. 85.

46 Ebd., S. 86.

47 Ebd.

48 Ebd., S. 86 f.

49 Vgl. ebd., S. 88.

50 Ebd., S. 103.

51 Ebd., S. 103 f.

52 Ebd., S. 85 f.

53 Ulrike Vedder, »Erbstück«, in: Susanne Scholz / Ulrike Vedder (Hrsg.), *Handbuch Literatur & Materielle Kultur*, Berlin/Boston 2018, S. 397–399, hier S. 397.

54 Margit Schreiner, *Heißt lieben*, München 2005, hier zit. nach: Gisela Ecker, »›Aufgesparte Gummiringe nie benutzte Griffel‹. Nicht-sterbliche Überreste in der Gegenwartsliteratur«, in: Schmidt (Hrsg.), *Sprachen des Sammelns* (s. Anm. 40), S. 577–592, hier S. 580.

55 Lydia Flem, *Wie ich das Haus meiner Eltern leer räumte*, übers. von Sigrid Vagt, München 2004, S. 50.

56 Michael Lentz, *Muttersterben*, Frankfurt a. M. 2002, hier zit. nach: Ecker, »›Aufgesparte Gummiringe nie benutzte Griffel‹« (s. Anm. 54), S. 580 [Schreibweise so im Original].

57 Ralf Rothmann, *Milch und Kohle*, Frankfurt a. M. 2000, hier zit. nach: Ecker, »›Aufgesparte Gummiringe nie benutzte Griffel‹« (s. Anm. 54), S. 581.

58 Barbara Honigmann, *Eine Liebe aus nichts*, Reinbek b. Hamburg 1991, hier zit. nach: Ecker, »›Aufgesparte Gummiringe nie benutzte Griffel‹« (s. Anm. 54), S. 579.

59 Ecker, »›Aufgesparte Gummiringe nie benutzte Griffel‹« (s. Anm. 54), S. 577.

60 Arnold Geiger, *Es geht uns gut. Roman*, München 2005, S. 16.

61 Angelika Meier, *Die Auflösung des Hauses Decker. Roman*, Zürich 2021, S. 169.

62 Ebd.

63 Friedrich Carl von Savigny, *System des heutigen roemischen Rechts*, Bd. 1, Berlin 1840, S. 381.

64 Krzysztof Pomian, *Der Ursprung des Museums. Vom Sammeln*, übers. von Gustav Roßler, Berlin 1988, hier zit. nach: Vedder, »Erbstück« (s. Anm. 53), S. 398.

65 Ebd.

66 Marie Kondo, *Magic Cleaning – wie richtiges Aufräumen Ihr Leben verändert*, übers. von Monika Lubitz, Reinbek b. Hamburg 2013, S. 100.

67 Vgl. Wolfgang Schnotz, »Was geschieht im Kopf des Lesers? Mentale Konstruktionsprozesse beim Textverstehen aus der Sicht der Psychologie und der kognitiven Linguistik«, in: Hardarik Blühdorn / Eva Breindl / Ulrich Hermann Waßner (Hrsg.), *Text – Verstehen. Grammatik und darüber hinaus. Jahrbuch 2005 des Instituts für Deutsche Sprache*, Berlin 2006, S. 222–238, hier S. 224.

68 Ebd.

69 Johann Gottfried Herder, *Über die menschliche Unsterblichkeit. Eine Vorlesung*, in: ders., *Werke in zehn Bänden. Bd. 8: Schriften zu Literatur und Philosophie 1792–1800*, Frankfurt a. M. 1998, S. 203–219, hier S. 209.

70 Friedrich Schlegel, zit. nach: Aleksandra Prica, »Toter Buch-

stabe – lebendiger Geist. Bibelauslegung als Lektüreereignis«, in: *Das Mittelalter* 18 (2013) H. 1, S. 46–61, hier S. 51.

71 Johann Wolfgang von Goethe, *Maximen und Reflexionen*, in: ders., *Werke. Hamburger Ausgabe in 14 Bänden*, Bd. 12: *Kunst und Literatur*, hrsg. von Erich Trunz, München 1981, S. 543.

72 Laube, *Der Mensch und seine Dinge* (s. Anm. 10), S. 485.

73 Böhme, *Fetischismus und Kultur.* (s. Anm. 19), S. 302.

74 Michel de Montaigne, *Philosophieren heißt sterben lernen* [1580], in: ders., *Essais. Erstes Buch*, übers. von Hans Stilett, München 2011, S. 126–147, hier S. 129.

75 Ebd., S. 134.

76 Ebd.

77 Ebd., S. 137.

78 Vgl. Evangelisches Dekanat Vorderer Odenwald, »Grabbeigaben für den Sarg?« (21. 11. 2014), online: https://kroeb.ekhn.de/startseite/einzelansicht/news/grabbeigaben-fuer-den-sarg.html.

79 Laube, *Der Mensch und seine Dinge* (s. Anm. 10), S. 426 f.

80 Franz Kafka, *Die Sorge des Hausvaters* (s. Anm. 16), S. 284.

81 Vgl. Böhme, *Fetischismus und Kultur* (s. Anm. 19), S. 53 f.

82 Margareta Magnusson, *Döstädning ist keine traurige Angelegenheit*, in: Armit (Hrsg.), *Morgen räum ich auf* (s. Anm. 42), S. 192–200, hier S. 192.

83 Margit Schreiner, *Kein Platz mehr* (s. Anm. 36), S. 15.

84 Christian Schüle, *Wie wir sterben lernen. Ein Essay*, München 2013, hier zit. nach: *Die Zeit*, 8. 11. 2012.

85 Elisabeth Karg-Gasterstädt, »Althochdeutsch *thing* – neuhochdeutsch *Ding*. Die Geschichte eines Wortes«, in: *Berichte über die Verhandlungen der Sächsischen Akademie der Wissenschaften zu Leipzig* 104 (1958) H. 2, S. 3.

86 Mona Körte, »Der Un-Sinn der Dinge in Märchentexten um 1800«, in: *Zeitschrift für Germanistik, Neue Folge* 22 (2012) Nr. 1, S. 57–71, hier S. 68.

87 Laube, *Der Mensch und seine Dinge* (s. Anm. 10), S. 9.

88 Joachim Valentin, *Eschatologie*, Paderborn 2013, S. 14 [Gegenwärtig Glauben Denken – Systematische Theologie, 11].

89 Vgl. Stefan Laube, »Dinggedächtnis. Johann Amos Comenius' ›Orbis pictus‹ (1658)«, in: Scholz/Vedder (Hrsg.), *Handbuch Literatur & Materielle Kultur* (s. Anm. 53), S. 188–196, hier S. 189 f.

90 Katrin Solhdju / Ulrike Vedder, »Das Leben vom Tode her. Zur Einleitung«, in: dies. (Hrsg.), *Das Leben vom Tode her. Zur Kulturgeschichte einer Grenzziehung*, Paderborn 2015, S. 7–15, hier S. 11; Zitat von Hans-Dieter Bahr, *Den Tod denken*, München 2002, S. 11.

91 Vgl. Philipp Ariès, *Geschichte des Todes*, übers. von Hans-Horst Henschen und Una Pfau, München/Wien 1980, S. 137.

92 Dieter Birnbacher, *Tod*, Berlin/Boston 2017, S. 160.

93 Henri Atlan, »Lebendig und nichtlebendig versus Leben und Tod. Biologische und ethische Perspektiven – Ein Vortrag«, in: Solhdju/Vedder (Hrsg.), *Das Leben vom Tode her* (s. Anm. 90), S. 183–191, hier S. 191.

94 Lukas Bärfuss hat in *Vaters Kiste. Eine Geschichte über das Erben*, Hamburg 2022, beschrieben, dass er die ererbte Kiste seines Vaters erst nach 25 Jahren geöffnet habe – sie sei voller Pfandbriefe und Schuldscheine gewesen.

Zur Autorin

Elke Brüns ist habilitierte Literaturwissenschaftlerin. Sie schreibt Essays und Rezensionen und arbeitet als Dozentin, Moderatorin und Künstlerische Leiterin literarischer Themenwochen. Ihre zweite große Liebe sind Filme und Serien – zuletzt erschien *Game of Thrones. 100 Seiten* bei Reclam.